밤이 되면 펼쳐지는 신비한 동물 이야기 101

밤이 되면 펼쳐지는 신비한 동물 이야기 101

이마이즈미 다다아키, 이정모 감수 / 김보라 옮김

동양북스

어두운 곳에 사는 동물,
낮과는 다른 모습을 보이는 동물,
한밤중 그들의 세상에는
깜짝 놀랄 신기한 일로 가득합니다!

목 차

제1장 밤에 활동하는 동물들의 비밀

야행성이 뭐야? ……14
야행성 동물이 생기기까지 ……16
밤에 활동하는 동물의 놀라운 능력 ……20
색각의 신비로움! ……21
활동시간의 종류 ……24

제2장 동물들의 소란스러운 밤

안경원숭이는 눈알이 너무 커서 움직일 수 없어요 ……26
동갈치는 밤낚시 중인 사람을 찌르기도 해요 ……27
호랑이는 밤에 모여서 얼굴을 마주 봐요 ……28
태즈메이니아데빌은 밤에 악마 같은 울음소리를 내요! ……30
수컷 속살이게는 밤에 암컷이 있는 조개를 간지럽힌다고? ……31
스컹크의 방귀는 천적도 물리쳐요! ……32
날다람쥐는 나무에서 내려오지 못해요 ……34
암컷 바퀴벌레는 은둔형 외톨이? ……35
키위새는 한밤중에 킁킁, 후비적후비적 지렁이를 찾아요 ……36
비버는 밤에 부지런히 집과 댐을 만들어요 ……38
나방은 밤에도 더듬이로 먹거리를 찾아내요 ……39
산호는 보름달이 뜨는 밤에 다같이 알을 낳아요 ……40
악어는 해 질 녘 물가에서 먹잇감을 노려요 ……41
카피바라는 밤에 몰래 목장에 들어가 풀을 먹어요 ……42
올빼미는 눈알을 못 움직여서 머리를 뒤로 돌려요 ……44
철도벌레 애벌레는 밤에 머리가 빨갛게 빛나요 ……45
굼뜨게 생겼어도 **도롱뇽**은 솜씨 좋은 사냥꾼 ……46
장수풍뎅이는 밥 먹으랴 짝 찾으랴 밤에 제일 바빠요! ……48
흰코사향고양이는 밤에 팔팔하게 돌아다녀요 ……49

개구리는 큰 눈으로 적을 위협해요 ······50
닭은 밤에 아무리 달려도 넘어지지 않아요 ······51
마다가스카르손가락원숭이는 나무를 두드려 그 안에 있는 벌레를 찾아요 ······52
거미는 시력이 나쁜 대신 청력이 좋아요 ······54
스라소니의 별명은 '밤을 꿰뚫어보는 눈' ······55
거저리의 무기! 거꾸로 서서 방귀 뀌기 ······56
전기조개는 빛을 내서 적에게 경고해요 ······57
슬로우로리스는 밤이니까 천천히 이동할 수 있어요 ······58
도마뱀붙이는 거꾸로 있어도 머리에 피가 쏠리지 않아요 ······59
늑대는 밤에 울음소리로 자신들의 위치를 알려요 ······60
동물원의 밤, 동물들은 무엇을 하고 있을까? ······62

제3장 동물들의 조용한 밤

오랑우탄은 매일 밤 새로운 침대를 만들어요 ······64
야행성이 아닌 특이한 올빼미, **가시올빼미** ······66
하늘다람쥐는 옹기종기 모여서 잠을 자요 ······67
치타가 밤에 자는 이유는 발이 엄청 빠르기 때문? ······68
코끼리는 아기 코끼리가 늦잠을 자도 깨우지 않아요 ······70
향고래는 서서 자다가 배와 부딪히기도 한대요 ······72
금붕어가 자고 있는지는 어항 어디에 있는가로 알 수 있어요 ······74
동물원에 있는 대장 **원숭이**만 드러누워 자요 ······75
(조금은 피곤하게) 서서 자는 동물들 ······76
짝꿍 **긴팔원숭이**는 잘 때도 일어날 때도 항상 사이 좋게 ······78
홍학은 다리를 한쪽씩 쉬면서 자요 ······80
수컷 매미는 잠결에 혼자 울기도 해요 ······81
들새가 잘 때 다닥다닥 붙어 있는 건 사이 좋아서가 아니에요 ······82
고니의 몸은 잘 때도 가라앉지 않아요 ······84
망토개코원숭이는 일찍 자고 일찍 일어나요 ······85
가장 많이 자는 동물 랭킹 ······86
밤샘, 밤새서 일하는 건 사람뿐! ······88

제4장 동물들의 안타까운 밤

흡혈박쥐는 피를 빤 뒤에 오줌이 나오지 않으면 날지 못해요 ······90
점박이하이에나는 사냥감을 새치기당해요 ······92
벌새는 잠만 자도 몸무게 10%가 줄어들어요 ······93
기린은 서서 자는 게 훨씬 더 안심된대요 ······94
햄스터는 쳇바퀴를 굴릴 때 여행중이라고 생각해요 ······95
코알라는 하루종일 자지 않으면 몸속에 독이 쌓이고 말아요 ······96
쏙독새는 괴롭힘을 당해서 밤에 날게 되었대요 ······98
반딧불이가 반딧불이를 속여서 잡아먹는다고? ······99
상어는 잠자는 동안에도 헤엄쳐야 해요 ······100
전갈은 낮에도 빛나는데 아무도 모른대요 ······101
올빼미원숭이는 보름달이 뜨는 밤, 배우자 찾는 데 필사적이에요! ······102
흰올빼미는 백야에 사냥감 찾기를 힘들어해요 ······104
몽구스는 밤에 쿨쿨 자느라 반시뱀을 못 쫓아냈어요 ······105
하마는 밤에 이동할 때 똥을 길잡이로 쓴다? ······106
너구리는 밤에 지렁이를 찾아 비틀비틀 걸어요 ······108
타조는 가장 센 어미의 알만 지킨다? ······109
수컷 물개는 암컷을 감시하느라 잘 수 없어요 ······110
한밤중에 화장실 다녀오기 대작전 ······112

제5장 동물들의 놀라운 잠자는 모습

멧돼지는 다른 멧돼지의 엉덩이 냄새를 맡으며 자요 ······114
칼새는 추락하면서 잔다고? ······116
캥거루의 자는 모습은 아저씨 같아요 ······117
듀공은 10분마다 깨지 않으면 물에 빠져 죽는다? ······118
얼룩다람쥐는 꼬리가 담요래요 ······120
사실 **아르마딜로**는 몸을 둥글게 하고 못 자요 ······121
(멸종했지만) **공룡**들의 이런저런 자는 모습 ······122
나무늘보는 잘 때도 의욕이 없어요 ······124
엄지도치는 빨판으로 몸을 꼭 붙여서 자요 ······125

사자가 잘 땐 백수의 왕 품격은 찾아볼 수 없어요 ……126
개미핥기는 소중한 신체부위를 끌어안고 잔대요 ……127
해달은 친구와 손을 잡고 자요 ……128
뱀은 사실 머리를 숨기고 있어요 ……130
비늘돔은 점막으로 만들어진 잠옷을 입고 자요 ……131
군함새는 날면서도 잠을 푹 자요 ……132
돌고래는 자는 동안 뇌를 반씩 나누어 사용해요 ……133
온두라스흰박쥐는 텐트를 만들어서 자요 ……134
새는 잘 때도 나무에서 떨어지지 않아요 ……135
웜뱃은 굴에서 엉덩이만 내밀고 자요 ……136
도롱뇽은 피부의 촉촉함을 신경 써요 ……138
표범은 나무 위를 가장 좋아해요 ……139
큰부리새가 겨드랑이 냄새를 맡으며 잔다고? ……140
바다표범은 땅에서 잘 때만 꿈을 꾼대요 ……141
판다와 고양이의 재미있는 자세 대결 ……142
잘 때도 눈을 뜨고 자는 동물은 누가누가 있을까? ……144

어둠에 숨어 있는 동물들

박쥐는 거꾸로 매달린 채 죽을 때도 있어요 ……146
매오징어는 빛이 나는 채로 죽어요 ……147
여왕 벌거숭이뻐드렁니쥐는 부하들을 감시하느라 잘 시간이 없어요 ……148
키무라거미는 위장술 장인 ……150
두더지는 한밤중에 몰래 땅 위로 올라와요 ……151
글로웜은 반짝임으로 유인하는 데 선수예요 ……152
지렁이는 도로 위에서 죽기도… ……153
(조금은 소름끼치게 생긴) 동굴에 사는 동물들 ……154
일개미 중 20%는 땡땡이를 친대요 ……156

제7장 잠에 대한 또 다른 이야기

곰은 겨울잠 자는 동안에 출산해서 아기 곰을 키워요 ······158
수컷 얼룩땅다람쥐는 암컷이 겨울잠에서 깨기만을 기다려요 ······160
일본겨울잠쥐는 살찌는 게 겨울잠 잘 때 유리해요 ······162
숲관코박쥐는 눈 속에서 겨울잠을 잔다고? ······163
난쟁이악어는 사막에서 여름잠을 자요 ······164
폐어는 여름잠을 자는 동안 고치로 몸을 감싸요 ······165
펭귄의 윙크는 한쪽 뇌만 자고 있다는 표시예요 ······166
너구리의 '자는 척'은 사실 기절한 거예요 ······168
주머니쥐는 자는 척은 못해도 죽은 척은 잘해요 ······169
기니피그는 별 생각 없이 사는 것처럼 보이지만 그렇지 않아요! ······170
투아타라는 바다새의 집을 빌려서 자요 ······171
야행성 동물이 늘고 있다고? ······172

DATA 설명

2~7장에 등장하는 각각의 동물에게는 DATA가 있습니다.

DATA

- 이름: 뱅갈호랑이
- 분류: 포유류
- 크기: 몸 길이 2~3m
- 생식지: 인도 반도
- 활동시간: 밤

조용히 먹잇감에 다가가다가 충분히 거리가 좁혀졌을 때 단번에 덮쳐 사냥하는 스타일. 호랑이 줄무늬는 먹잇감에게 슬며시 다가가거나 수풀에 숨어 있을 때 눈에 잘 안 띄게 하는 장점이 있어요.

야생에서 주로 살고 있는 곳

주로 많이 움직이는 시간대

재미있는 이야기, 알면 도움이 되는 지식

동물 이름(같은 동물이라도 종류에 따라 생태가 다를 경우, 내용에 맞는 종류의 이름만 있어요)

포유류, 조류, 파충류 등의 분류

성장 후의 평균 크기 (포유류는 꼬리 길이를 포함하지 않아요!)

제1장

밤에 활동하는 동물들의 비밀

왜 밤에 활동하는 동물이 있는 걸까요?
그들에게는 놀라운 능력이 있다는데
밤 동물 친구들을 대신해서 알려드릴게요!

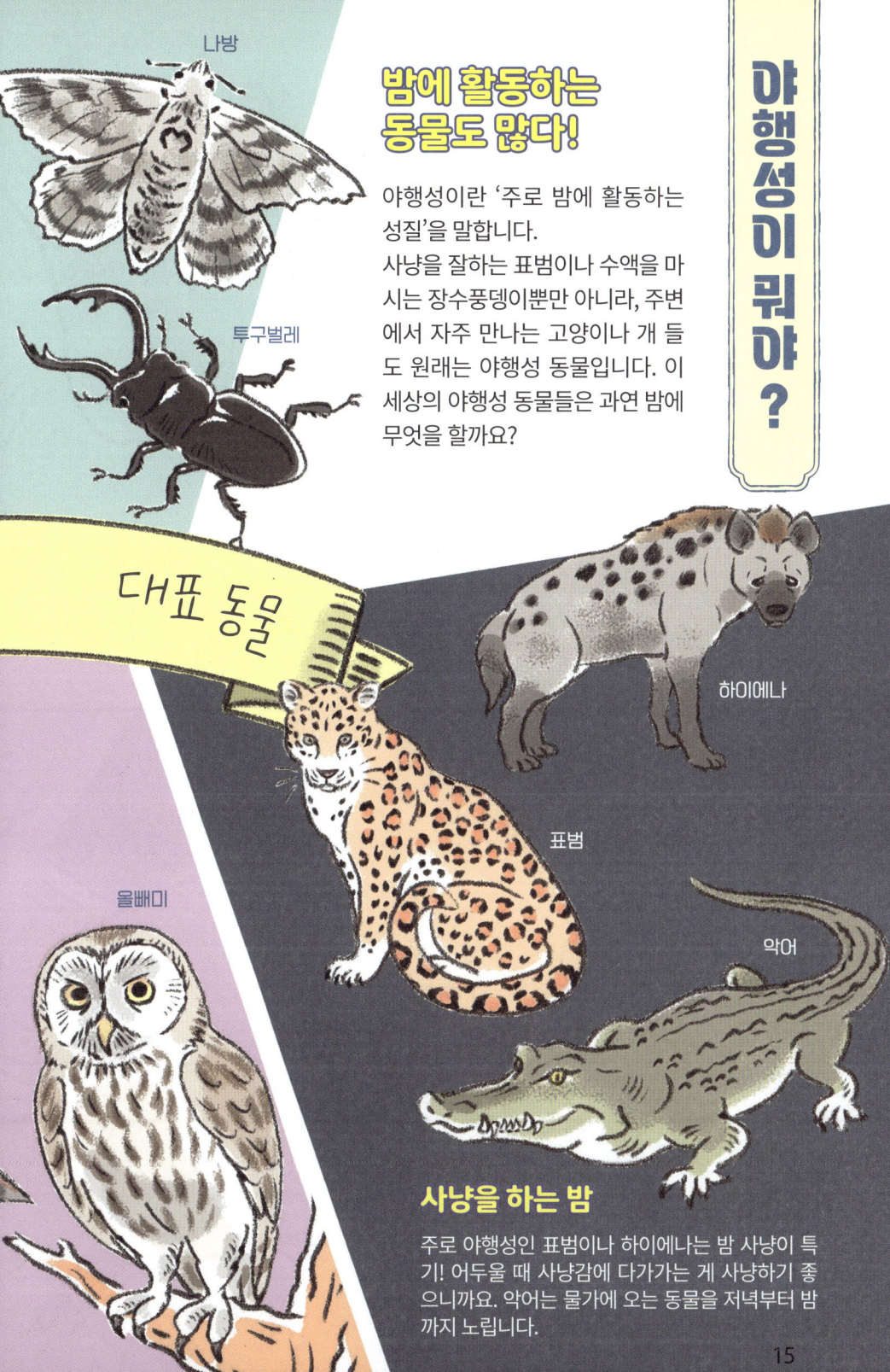

야행성이 뭐야?

밤에 활동하는 동물도 많다!

야행성이란 '주로 밤에 활동하는 성질'을 말합니다.
사냥을 잘하는 표범이나 수액을 마시는 장수풍뎅이뿐만 아니라, 주변에서 자주 만나는 고양이나 개 들도 원래는 야행성 동물입니다. 이 세상의 야행성 동물들은 과연 밤에 무엇을 할까요?

대표 동물

나방
투구벌레
올빼미
표범
하이에나
악어

사냥을 하는 밤

주로 야행성인 표범이나 하이에나는 밤 사냥이 특기! 어두울 때 사냥감에 다가가는 게 사냥하기 좋으니까요. 악어는 물가에 오는 동물을 저녁부터 밤까지 노립니다.

밤을 선택한 동물이 나타나다

낮에 동물이 넘쳐나다 보니, 강한 동물과 약한 동물로 나뉘었습니다. 쥐는 낮에 활동하는 천적 독수리나 매를 피해서 밤으로 돌아갔습니다. 그러면서 쥐를 노리던 몇몇 동물들도 야행성이 되었습니다.
이와 같은 일이 여러 동물에게 일어나면서, 밤에 활동하는 그룹과 낮에 활동하는 그룹으로 나뉘었답니다.

밤에 활동하는 동물의 놀라운 능력 ①

어둠에 최적화된 시력

어둠 속에서 사물을 보기 위해 시력이 적응된 동물도 있습니다. 가장 가까이서 볼 수 있는 동물 중에는 고양이가 있죠! 어두운 곳에서 반짝반짝 빛나는 눈은 밤에도 사냥감을 잘 발견하게 해줘요.

눈이 크다!

눈이 크고, 밤에도 사물을 보는 능력이 발달한 동물들입니다. 대표적으로는 안경원숭이. 이름 그대로 안경 같이 큰 눈이 쉽게 빛을 모아서 어둠 속에서도 활동이 가능합니다. 부엉이와 올빼미도 마찬가지입니다.

안경원숭이

올빼미

부엉이

눈이 빛난다!

고양이, 사자, 호랑이와 같은 고양이과 동물 눈에는 '타페텀'이라는 막이 있습니다. 타페텀은 거울처럼 반사해서 빛을 증폭시키는 기능을 합니다. 그래서 아주 작은 빛으로도 사물이 잘 보여요.

사자 / 고양이 / 호랑이

색각의 신비로움!

색을 감지하는 능력을 '색각'이라고 해요. 많은 색을 느낄수록 선명하게 볼 수 있습니다.

먼 옛날 지구를 지배했던 공룡은 4가지 색(빨강, 초록, 파랑, 자외선)이 보였다고 합니다. 그때 포유류 조상은 공룡을 피해 밤에 움직였기 때문에, 어두울 때는 색을 많이 볼 필요가 없어서 초록과 파랑을 보는 능력을 잃고 2가지 색만 볼 수 있게 되었습니다.

머지않아 공룡이 멸종하고, 사람이나 원숭이 같은 영장류는 낮에 움직였습니다. 먹거리를 찾을 때 초록색 나뭇잎 사이의 빨갛게 익은 열매를 구분해야 했기 때문에, 빨강 색각이 빨강과 초록 색각으로 나뉘고 자외선 색각이 파랑 색각으로 바뀌었습니다. 그렇게 빨강, 초록, 파랑 3가지를 보게 되었다고 합니다. 하지만 영장류 외의 포유류는 조상과 같이 빨강과 초록 자외선의 2색 색각이 유지되었습니다. 한편 파충류나 어류, 공룡에서 진화한 조류는 지금도 4가지 색을 볼 수 있다고 전해집니다.

밤에 활동하는 동물의 놀라운 능력 ②

청각, 후각, 촉각도 어둠에 적응!

밤에는 어두워서 잘 보이지 않습니다. 그건 인간도 동물도 마찬가지예요. 대신 시력 이외의 능력이 밤에 적응하여 어둠 속에서도 쾌적하게 살아가는 야행성 동물들이 있습니다. 몇몇 친구를 소개해볼게요!

청각

소리를 듣거나 소리의 진동을 느끼는 능력. 소리가 전해지는 속도는 매우 빠르기 때문에 사냥감이나 위험을 재빨리 인지하기 쉽습니다.

올빼미
청각이 예민해서 먹잇감이 움직이는 소리를 놓치지 않습니다. 평평한 얼굴이 소리를 모으는 접시형 안테나 기능을 합니다.

뱀
지면에 놓인 턱 뼈로 소리의 진동을 느낍니다.

악어
물의 진동으로 소리를 느낍니다. 물에서는 공기보다 소리가 전해지는 속도가 빨라서, 먹이를 바로 찾아낼 수 있어요.

촉각

닿은 느낌이나 온도 등을 피부로 느끼는 능력. 동물이 내뿜는 온도를 피부로 느껴, 어둠 속에서도 상대의 위치를 알 수 있습니다.

박쥐
먹이의 체온을 느끼는 건 물론, 피부 아래에 있는 혈관 위치까지 알아내는 능력이 있습니다.

혈관을 찾아랏!

2미터 앞에 있는 먹이 발견!

피트 기관

비단뱀
얼굴의 움푹 파인 곳에 있는 피트 기관이 열 센서 역할을 해서, 주변보다 고온이거나 저온인 곳을 판별하고 상대방이 있는 방향이나 거리를 알 수 있습니다.

후각

냄새를 맡는 능력. 육식동물이 초식동물보다 발달해 있다고 합니다.

!

큰박쥐
박쥐는 초음파를 발산해서 주변에 있는 것들의 위치를 알아내지만, 큰박쥐는 초음파를 발산하지 않습니다. 대신 뛰어난 후각과 시각으로 주식인 과일을 찾아냅니다.

키위새
시력은 퇴화했지만 후각이 매우 뛰어납니다. 부리 앞쪽에 코가 있어서, 땅속에 있는 지렁이를 찾아내는 데 편리해요.

여기에 코가 있어!

23

활동시간의 종류

동물마다 자주 활동하는 시간이 있어요.

주로 낮에 활동하는 성질을 '주행성', 주로 밤에 활동하는 성질을 '야행성'이라고 합니다. 또 해 질 녘이나 새벽에 활발하게 활동하는 동물도 있는데, '박명박모성'이라고 합니다. 고양이나 이리, 사자 등 사냥을 하는 동물 대부분이 박명박모성입니다.

단, 고등생물일수록 배가 고프거나 뭔가 사정이 있으면 낮밤 가리지 않고 활동하기 때문에, 고양이나 사자가 낮에 사냥하는 경우도 있습니다. 인간이 주행성이지만 밤샘도 잘하는 것처럼요.

주행성

해가 떠 있는 시간대에 활동합니다. 사람을 포함해 영장류나 조류, 초식동물의 대부분이 여기에 해당합니다. 나비와 같은 일부 벌레도 주행성입니다.

야행성

밤에 활동합니다. 낮에 활동하는 경우도 있지만, 흰코사향고양이, 날다람쥐, 하늘다람쥐 등은 완전 야행성이에요. 대부분의 벌레도 여기에 속해요.

박명박모성

해 질 녘, 새벽 어스레한 시간에 가장 활발! 사냥하는 포유류 대부분이 여기에 속합니다. 낮보다 밤에 좀 더 활발해서 이 책에서는 야행성으로 분류했습니다.

제2장

동물들의 소란스러운 밤

밤에도 활기차게 움직이는 동물들.
우리가 잠들어 있는 동안 이런 일이 일어나고 있었대요~!

안경원숭이는 눈알이 너무 커서 움직일 수 없어요

크기가 큰 대신 움직일 수가 없어

이름 그대로 안경 같이 큰 눈을 가진 안경원숭이. 원숭이 중에서는 희귀하게 완전히 야행성입니다. 안경원숭이는 어떻게 밤에 활동할 수 있을까요? 바로 큰 눈에 비밀이 있습니다. 눈알 하나가 뇌의 크기와 맞먹을 정도로 크다는데요. 큰 눈으로 빛을 모으기 쉬워서 어두울 때도 돌아다닐 수 있답니다.

눈알이 너무 큰 탓에 눈의 움푹 파인 곳까지 딱 맞게 채워져 있어서 눈알을 움직이는 건 무리예요. 그래서 곁눈질로 보는 게 불가능하고, 조금이라도 옆을 보고 싶다면 머리를 돌려야만 합니다. 밤에 잘 보이는 것과 눈을 자유롭게 움직일 수 있는 것, 어느 게 더 좋을까요?

DATA

- **이름** 필리핀안경원숭이
- **분류** 포유류
- **크기** 몸 길이 10~12cm
- **생식지** 동남아시아
- **활동시간** 밤

💡 필리핀안경원숭이(통칭 타샤)는 매우 섬세한 성격이라, 스트레스를 받으면 나무에 머리를 부딪쳐서 스스로 목숨을 끊는 경우도 있다고 해요. 시끄러운 환경에는 적응하지 못하는 동물입니다.

동갈치는 밤낚시 중인 사람을 찌르기도 해요

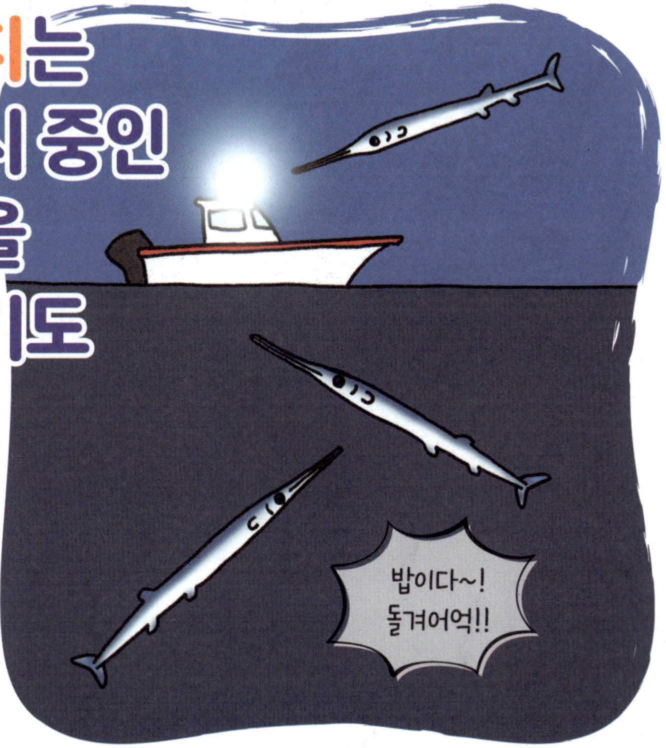

> 밥이다~!
> 돌격어억!!

물고기 낚시를 하다가 사고로 바다에 빠졌다는 뉴스를 볼 때가 있는데요. 물고기가 사람을 찌르는 사고도 있답니다!

사고를 내는 건 동갈치라는 물고기. 입이 뾰족하고 날카로워서, 마른 몸으로 공중에 점프해서 화살처럼 나아갈 수 있습니다. 야행성인 동갈치는 빛을 보면 먹이인 줄 알고 돌진하는 습성이 있습니다. 그래서 밤낚시 배에서 나오는 빛을 보고 "먹이다!" 하며 날아옵니다. 그렇게 사람이 찔리고 마는 거죠. 오로지 직진만 하기 때문에 위험한 물고기이긴 하지만, 동갈치 회는 산뜻한 맛으로 제법 맛있다고 하네요(?).

 DATA

- **이름** 동갈치
- **분류** 어류
- **크기** 몸 길이 70~100cm
- **생식지** 열대 및 온대 해안부
- **활동시간** 밤

꽁치나 학공치의 친구로 수면 가까이에서 무리 지어 헤엄쳐 다닙니다. 동갈치만 따로 낚시하지는 않고, 뱅에돔이나 방어 낚시를 하다가 우연히 잡는 경우가 대부분. 동갈치에게 찔리는 사고의 위험성은 낚시하는 분들 사이에서도 유명해요!

호랑이는 밤에 모여서 얼굴을 마주 봐요

아싸 얼굴 도장 찍었다

DATA
- 이름: 뱅갈호랑이
- 분류: 포유류
- 크기: 몸 길이 2~3m
- 생식지: 인도 반도
- 활동시간: 밤

💡 조용히 먹잇감에 다가가다가 충분히 거리가 좁혀졌을 때 단번에 덮쳐 사냥하는 스타일. 호랑이 줄무늬는 먹잇감에게 슬며시 다가가거나 수풀에 숨어 있을 때 눈에 잘 안 띄게 하는 장점이 있어요.

호랑이는 주로 숲에 사는, 육식 짐승의 대표 주자! 사자가 사바나의 왕이라면 호랑이는 밀림의 왕자로 불리지요. 둘 다 고양이과라서 본격적인 사냥은 주로 저녁부터 밤까지 이루어집니다. 고양이처럼 빛나는 눈을 지니고 있어서, 빛이 적은 밤에 먹잇감의 움직임을 놓치지 않아요.

호랑이는 홀로 살기 때문에 사냥도 혼자서 합니다. 그런데 사실 호랑이는… 사냥을 못한대요! 그래서 먹이를 한 번에 많이 먹어둔다고 해요.
재미있는 사실은 호랑이도 고양이처럼 '밤의 집회'를 연다는 것입니다. 고양이 모임은 같은 지역에 있는 고양이 친구들이 얼굴을 마주하는 매우 중요한 행사인데요. 호랑이도 모여서 얼굴을 마주하며 자기 영역 근처에 누가 사는지 알아둡니다. 미리 알아두면 나중에 사냥할 때도 사냥 범위가 겹치지 않도록 할 수 있는 거죠. 필요없는 싸움을 없애기 위한 규칙입니다!

태즈메이니아데빌은 밤에 악마 같은 울음소리를 내요!

오스트레일리아 태즈메이니아 섬에만 살고 있는 태즈메이니아데빌. 낮에는 바위나 덤불에서 휴식하다가, 밤이 되면 먹을 것을 찾아 활발하게 움직입니다. 후각이 발달해서 밤에도 먹이 냄새를 절대 놓치지 않아요.
엄~~~청난 먹보라서 육류는 무엇이든 먹습니다. 죽은 동물도 먹고, 살아 있는 동물도 덮쳐요! 성질도 난폭해서 동료들끼리 먹이를 두고 다투면서 소란스러워지기도 합니다. 죽은 동물을 먹는데다 그 울음소리가 어쩐지 무서워서 '악마 같다'고 불리며 '데빌'이라는 이름이 붙었습니다. 귀엽게 생긴 것에 비해 이름이 귀엽지 않았던 데에는 이런 이유가 있었답니다!

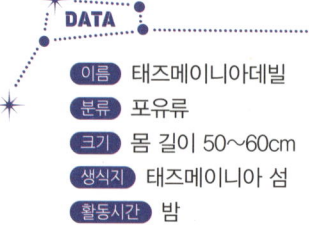

- **이름** 태즈메이니아데빌
- **분류** 포유류
- **크기** 몸 길이 50~60cm
- **생식지** 태즈메이니아 섬
- **활동시간** 밤

💡 세계에서 제일 큰 육식성 유대류. 캥거루와는 반대로 새끼를 넣는 주머니 입구가 엉덩이 쪽에 있습니다. 앞발로 흙을 팔 때 주머니에 흙이 들어가지 않도록 하기 위해서예요.

수컷 속살이게는 밤에 암컷이 있는 조개를 간지럽힌다고?

이제 들어가게 해주세요~

야생 동물에게 번식은 매우 중요! 속살이게도 함께할 상대를 찾는 데 최선을 다합니다. 속살이게는 보통 1마리가 두껍질조개 속에 숨어서 사는데요. 수컷 속살이게는 번식할 때가 오면 암컷 속살이게가 있는 조개를 방문합니다. 그리고 조개를 계속 간지럽히며 입이 열리기를 기다립니다. 4시간 가까이 간지럽힌 경우도 있다고 해요! 속살이게의 번식은 수컷의 노력과 끈기에 따라 만들어진 것이었네요.

게다가 밤에 하는 이유는 밤에는 조개의 반응이 더 둔해지기 때문에 본인이 찌부러질 걱정이 없어서래요! 목숨을 건 방문이었던 겁니다.

DATA

- **이름** 속살이게
- **분류** 갑각류
- **크기** 등딱지 넓이 수컷 5mm, 암컷 1cm
- **생식지** 열대 및 온대 해안부
- **활동시간** 밤

💡 속살이게는 성게나 해삼에 기생해서 살기도 해요. 숙주 먹이를 잽싸게 빼앗아 숙주의 성장을 방해하기 때문에 골칫거리로 여기는 지역도 있지만, 칠레에서 성게 안에 발견된 속살이게는 행운의 상징이래요.

스컹크의 방귀는 천적도 물리쳐요!

스컹크는 방귀 냄새가 지독하기로 유명합니다. 위협을 느끼면 엉덩이를 적에게 향하고 물구나무 서서 방귀를 뀝니다. 그리고 적이 질려하는 틈을 타 도망치는 것이지요. 사실 사람에게는 그렇게 지독하지 않습니다. 하지만 스컹크의 천적인 코요테나 퓨마에게는 어마어마한 악취라서 한 번 맡으면 절대 잊을 수 없대요.

그래서 방귀 공격을 당해본 퓨마는 스컹크가 거꾸로 서기만 해도 바로 도망가버려요. 거꾸로 서는 동작이 방귀 신호라는 걸 아는 거죠. 하지만 경험이 없는 어린 퓨마는 그것도 모르고 가까이 다가갔다가 봉변을 당하기도 한대요.

스컹크의 선명한 흰색 털은 강력한 방귀 체험을 연상시켜서, 흰색을 보는 것만으로 적이 스컹크를 피하는 효과도 있다고 합니다. 밤이야말로 흰색이 눈에 잘 띄기도 하구요. 단, 후각이 둔한 새들에게는 방귀 공격이 통하지 않기 때문에 부엉이에게 되려 습격당할 때도 있습니다.

DATA
- 이름: 서부얼룩스컹크
- 분류: 포유류
- 크기: 몸 길이 12~33cm
- 생식지: 남북아메리카
- 활동시간: 밤

굴을 파서 생활하지만, 토끼나 아르마딜로 굴을 이용하는 경우도 많습니다. 먼저 들어온 스컹크가 있어도 신경 쓰지 않고 고집 부리며 뻔뻔하게 같이 살기도 해요.

날다람쥐는 나무에서 내려오지 못해요

방석이라고 하지 마!

밤에 나무에서 나무로 날아서 이동하는 그림자의 정체는 바로 날다람쥐입니다. '날아다니는 방석'이라고도 불려요.

다람쥐는 낮에 활동하지만 날다람쥐는 완전히 야행성! 눈이 빛나기 때문에 한밤중에도 잘 보입니다. 눈을 빛내며 날아다니는 날다람쥐라니, 매우 박력 있어요! 박력이 넘치는 날다람쥐도 나무에서 내려오는 건 잘 못한대요. 엉덩이부터 한 걸음씩 뒷걸음질 치듯이 내려옵니다. 날다가 착지할 때 충격이 덜하도록 네 발의 뼈가 굵은 대신, 자유롭게 움직이지 못해서 나무에서 내려오는 섬세한 동작은 서툴러요. 세상은 참 공평하죠?

DATA

- **이름** 날다람쥐
- **분류** 포유류
- **크기** 몸 길이 30~45cm
- **생식지** 일본
- **활동시간** 밤

💡 완전히 나무 위에서 생활하며, 웬만해서는 땅에 내려오지 않아요(잘 내려오지도 못하고요). 나무의 열매나 과일, 새싹이나 꽃, 가지 등 계절에 따라 나무로부터 얻을 수 있는 것들을 먹습니다.

한밤중 바스락바스락……. 모두가 싫어하는 1순위, 바퀴벌레 등장. 야행성이라서 낮에는 그늘진 곳에 숨어 있다가 밤이 되면 활발하게 움직입니다. 매우 놀랍게도 바퀴벌레는 집이 없어요. 단체 생활을 하지만 어느 한곳에 모여 있는 것뿐입니다. 호기심 많은 수컷은 여기저기 돌아다니지만, 암컷은 평상시 있는 곳과 먹이가 있는 곳을 왕복할 뿐, 대부분 가만히 있습니다. 특히 산란을 앞둔 암컷은 경계가 심해서 거의 나오질 않아요! 바퀴벌레를 없애기는 제법 쉽지 않겠어요.

DATA

- 이름: 바퀴벌레
- 분류: 곤충류
- 크기: 몸 길이 12~15mm
- 생식지: 한랭지를 제외한 세계 전역
- 활동시간: 밤

💡 이 세상에 존재하는 바퀴벌레는 4000종 이상으로, 거의 야외에서 살고 있어요. 중남미에 사는 바퀴벌레는 알록달록한 색깔과 털 없는 모습이 오히려 인기를 얻어, 관상용 펫으로 키워지기도 한대요!

키위새는 한밤중에 쿵쿵, 후비적후비적 지렁이를 찾아요

키위새는 뉴질랜드를 대표하는 새(국조)로, 동그란 몸이 특징이에요. 날개는 퇴화해서 날지 못하고, 씩씩한 발로 힘세게 땅을 걸어다닙니다. 그리고 새들 중에 드물게 밤에 활동해요.

키위새가 야행성인 이유는 지렁이를 먹어서 그래요. 지렁이가 낮에는 땅속에 있다가, 밤이 되면 땅 표면 가까이 나오거든요. 그때 키위새가 긴 부리로 땅속에 있는 지렁이를 후비어 파내서 먹는답니다. 보통 새의 콧구멍은 부리 턱부분에 있지만, 키위새의 콧구멍은 부리 맨끝에 있습니다. 이 특별한 부리 덕분에 땅속 지렁이 냄새를

후비적후비적

바로 알아챌 수 있어요!
그 대신 눈은 퇴화해서 매우 작아졌어요. 조류 중에 '가장 눈이 작은', '가장 도움 안 되는 시력'이라는 말까지 듣는답니다. 뭔가를 얻으면 뭔가를 잃는 법… 세상은 그런 법이지요.

DATA
- 이름: 브라운키위새
- 분류: 조류
- 크기: 무게 2.2~3kg
- 생식지: 뉴질랜드
- 활동시간: 밤

💡 키위라는 과일은 뉴질랜드에서 개발된 품종인데, 수출할 당시에 뉴질랜드의 상징이었던 키위새에서 이름을 따왔다고 해요. 이름의 원조는 과일이 아닌 새였네요..

비버는 밤에 부지런히 집과 댐을 만들어요

내 집은 내가 만들겠어

나뭇가지를 이용해 댐과 집을 만들기로 유명한 비버. 영역 표시의 기능으로, 수컷이 매일 밤 부지런히 만듭니다. 그런데 왜 밤에 하는 걸까요? 바로 적에게 발각되지 않기 위해서입니다. 밤에 몰래 육지로 올라가, 튼튼한 이빨로 나무를 잘라 쓰러트려서 댐이나 집을 만들 재료로 씁니다.

비버 목수는 지름 15cm인 나무를 10분만에 쓰러트릴 정도로 실력이 뛰어나요! 길이가 800m나 되는 댐도 만들 수 있고, 무너져도 몇 번이고 수리도 가능해요. 댐과 집 만드는 일은 비버의 본능이라서 배우지 않아도 만들 수 있다고 합니다. 물이 불어나면 댐을 부숴서 물을 흘려보내는 지혜도 지니고 있다니 놀라워요.

DATA

- 이름: 아메리카비버
- 분류: 포유류
- 크기: 몸 길이 80~120cm
- 생식지: 북아메리카
- 활동시간: 밤

집에서는 가족과 지내고, 낮에는 잠을 잡니다. 발 사이에 기름이 나오는 기관이 있어서 밤에 집과 댐 만들기 전, 그 기름을 온몸에 바르고 물에 들어갑니다. 그래서 물에 젖어도 쾌적하게 움직일 수 있는 거예요!

나방은 밤에도 더듬이로 먹거리를 찾아내요

먹거리도 짝도 더듬이로 찾아낸다구!

야행성인 나방은 주위를 잘 보지 못하지만 후각이 발달했습니다. 자랑스러운 덥수룩한 더듬이로 민감하게 먹이 냄새를 감지합니다. 청력이 우수한 나방도 있습니다. 뒷날개밤나방은 천적인 박쥐의 날갯짓 소리도 잘 들어서 위험할 때 바로 도망갈 수 있어요.

짝지을 상대를 찾을 때도 나방이 의지하는 건 냄새. 암컷이 '나 여기 있어요' 하고 페로몬을 내뿜어 수컷을 유혹합니다. 수컷 더듬이에는 암컷의 페로몬을 감지하는 기관이 있어서 바로 냄새를 맡을 수 있어요. 성충 나방의 수명은 길어도 1개월 정도. 짝을 찾으려고 모두 필사적입니다!

DATA
- **이름** 밤나무산누에나방
- **분류** 곤충류
- **크기** 날개 펼쳐서 10~13cm
- **생식지** 일본, 중국, 대만
- **활동시간** 밤

💡 나방과 나비는 구별하기 애매해요. 보통 주행성이 나비이고 야행성이 나방이지만 예외도 많아요. 나방의 더듬이는 수염이 덥수룩하게 나 있고, 나비는 면봉 모양이 많습니다.

2 동물들의 소란스러운 밤

산호는 보름달이 뜨는 밤에 다같이 알을 낳아요

바다를 아름다운 색으로 물들이는 산호. 식물처럼 보이지만 사실은 동물이라는 걸 아시나요? 해파리와 말미잘의 친구예요.

산호가 알 낳는 방법은 특이해요. '6월에 처음 보름달이 뜨는 밤'처럼 <mark>태어날 때부터 몸속 DNA에 정해진 날짜가 있어서, 그날 밤이 되면 주변의 산호 전체가 일제히 알 또는 정자가 들어가 있는 캡슐을 내뿜어요.</mark> 보름달 빛에 반응해서 알을 낳는 게 아닐까 합니다.

밤바다에 산호가 알 낳는 모습은 꽃잎이 흩날리는 것처럼 매우 아름다워요. 산호에게는 1년에 딱 하루, 절대 늦으면 안 되는 매우 중요한 순간입니다.

DATA

- **이름** 산호
- **분류** 자포동물
- **크기** 연간 10~20cm 성장(여러 가닥으로 뻗어 나뭇가지 모습이 된 산호)
- **생식지** 열대지방 바다
- **활동시간** 밤

💡 수백~1000m 아래의 심해에 살면서 1년에 몇 mm만 크는 산호도 있어요. 골격을 갖춘 모습이 아름다워 '보석 산호'라고 불리며, 옛날에는 매우 귀한 것으로 거래되었다고도 해요.

악어는 해 질 녘 물가에서 먹잇감을 노려요

> 오늘도 맛있어보이는 녀석이 찾아왔구먼

민물 생물 중 최강자인 악어. 야행성이지만 가장 활발하게 움직이는 때는 해 질 녘입니다. 해 질 녘에는 곧 자려는 동물, 방금 일어난 동물 모두 물을 마시러 와서 먹잇감이 넘쳐나거든요. 악어는 강에 둥실둥실 떠다니며 물 마시러 온 동물을 노립니다. 물을 마시는 동안에는 무방비 상태니까 사냥하기에도 아주 편하죠. 악어의 영리한 사냥법이라고 할 수 있습니다.

한편 낮에는 강 여울이나 물가에 있는 나무에서 편히 쉬기도 해요. 가끔 꾸벅꾸벅 졸 때도 있는데요. 코를 수면 위로 내밀고 물에 뜬 채로도 잘 수 있답니다.

DATA

- **이름** 악어
- **분류** 파충류
- **크기** 전체 4.3~5.2m
- **생식지** 동남아시아, 오스트레일리아, 인도, 인도네시아 등
- **활동시간** 밤

💡 악어의 조상은 공룡보다 좀 더 이전에 등장했어요. 그 후 공룡이 멸망하고 악어가 살아남았지만, 어떻게 해서 살아남았는지는 아직 밝혀진 것이 없어요. 원시적인 모습을 그대로 간직한 생물입니다.

카피바라는 밤에 몰래 목장에 들어가 풀을 먹어요

멍~한 모습으로 사랑받는 카피바라는 하루종일 활동하기 때문에 주행성처럼 보여요. 하지만 굳이 고르자면 밤에 더 활발합니다. 이유는 매우 간단해요! 밤에 밥을 먹기가 더 쉽기 때문입니다.

야생 카피바라는 아마존 강 유역의 물가에 살아요. 주식은 식물. 맹랑하게 목장에 들어가 소나 말 틈에 섞여 풀을 먹으려고 합니다. 하지만 사람에게 발각되어 쫓겨나곤 합니다. 그도 그럴 것이 소나 말이 먹어야 할 풀을 다 뺏기면 곤란하니까요.

그러다 밤이 되면 방해꾼이었던 사람이 자러 가니까, 당당히 목장에 들어가 풀을 먹을 수 있게 됩니다. 그러면서 카피바라는 밤에 더 활발해지게 되었지요.

뚱뚱한 모습으로는 상상도 할 수 없는 야생 카피바라의 날렵함! 마음만 먹으면 시속 50km로 달릴 수 있대요. 자동차와 같은 속도라니!

방해받지 않으니까 밥이 너무 맛있어!

DATA
- 이름 카피바라
- 분류 포유류
- 크기 몸 길이 105~135cm
- 생식지 남아메리카
- 활동시간 밤

💡 꼬리가 없지만 작게 튀어나온 흔적이 항문 위에 있어요. 이걸 만져주면 기분이 좋아지는지 눈이 몽롱해지며 눕는 경우가 많아요. 그 모습이 귀엽다며 또 사랑받는 카피바라!

올빼미는 눈알을 못 움직여서 머리를 뒤로 돌려요

놀라게 하려던 건 아니었는데…

아주 먼 옛날 올빼미는 낮에 활동했지만, 같은 맹금류인 매나 독수리가 힘이 세서 괴롭힘을 당했어요. 맛있게 식사도 할 수 없었죠. 그래서 밤에 주로 활동하게 되었어요.

어두운 곳에서 물체를 잘 보기 위해 올빼미의 눈알이 점점 커졌습니다. 하지만 커진 눈알이 빠지지 않도록 눈 안쪽 뼈에 고정되면서 눈알을 움직이는 건 불가능해졌어요. 대신 머리가 수평으로 270도까지 돌아갑니다. 거의 뒷통수까지 빙그르르 회전! 공포영화의 한 장면 같지만, 올빼미에게는 주위를 확인하기 위한 중요한 행동입니다.

DATA

- **이름** 올빼미
- **분류** 조류
- **크기** 몸 길이 50~60cm
- **생식지** 일본, 유라시아
- **활동시간** 밤

큰 눈으로 앞을 지그시 바라보며 가만히 있는 모습이 조용히 만물을 생각하는 것처럼 보여서 '숲의 현자', '숲의 철학자'라는 별명이 있습니다. 서양에서는 지성, 예술, 신뢰의 상징이기도 합니다.

철도벌레 애벌레는
밤에 머리가 빨갛게 빛나요

자연에는 자기 몸을 빛내는 생물이 많이 있습니다. 반딧불이(99쪽)나 글로웜(152쪽)처럼 특히 곤충 중에 많아요.

철도벌레 애벌레는 몸만 노랗게 빛나는 것이 아니라, 머리도 빨갛게 빛납니다. 그 모습이 열차 창문에서 빛이 새어들어오는 것처럼 보여서 '철도벌레(Railroad worm)'라는 이름이 생겼어요. 확실히 실제로 보면 어둠 속을 달리는 작은 열차 같아요.

빛나는 건 유충과 암컷뿐! 빛은 수컷을 유혹하는 용도 아닐까요. 먹거리를 찾거나 적에게 경고를 할 때도 쓰인다고 하니 빛의 활약이 대단합니다.

DATA

- 이름: 철도벌레 애벌레
- 분류: 곤충류
- 크기: 몸 길이 6cm
- 생식지: 남북아메리카
- 활동시간: 밤

💡 성충 수컷에게는 매우 튼튼한 더듬이가 있어요. 날개처럼 펼쳐지기도 하고 구불구불해서 매우 예술적이기까지 해요! 더듬이는 암컷의 페로몬을 쫓는 안테나 역할을 하기 때문에 면적이 넓어요.

굼뜨게 생겼어도
도롱뇽은 솜씨 좋은 사냥꾼

낮에는 물가에 파놓은 구멍에서 쉬었다가, 주로 밤에 사냥에 나섭니다. 먹보인 만큼 사냥도 아주 잘합니다. 가만~히 구멍 속에 숨어 있다가 먹이가 보이면 단

이렇게 큰 입으로
먹이를 얻는다구

숨에 덮치는 방식으로요. 큰 입을 쩍 벌려서 물고기도 민물게도 통째로 삼켜버립니다. 크게 벌린 입은 마치 블랙홀 같아요! 먹이를 놓치지 않으려고 입 안의 작은 이빨들이 톱처럼 빽빽이 나 있답니다. 도룡뇽은 미끄덩하고 큰 몸 때문인지 굼떠 보인다는 이미지가 있어요. 멍하니 가만히 있는 경우도 있고요.

사실 도룡뇽은 꽤나 먹보랍니다. 물속에서 살기 때문에 같은 강에 사는 작은 물고기, 민물게 같은 것들이 주식이에요. 뱀을 먹기도 합니다. 서로 잡아먹는다는 이야기도 있어요.

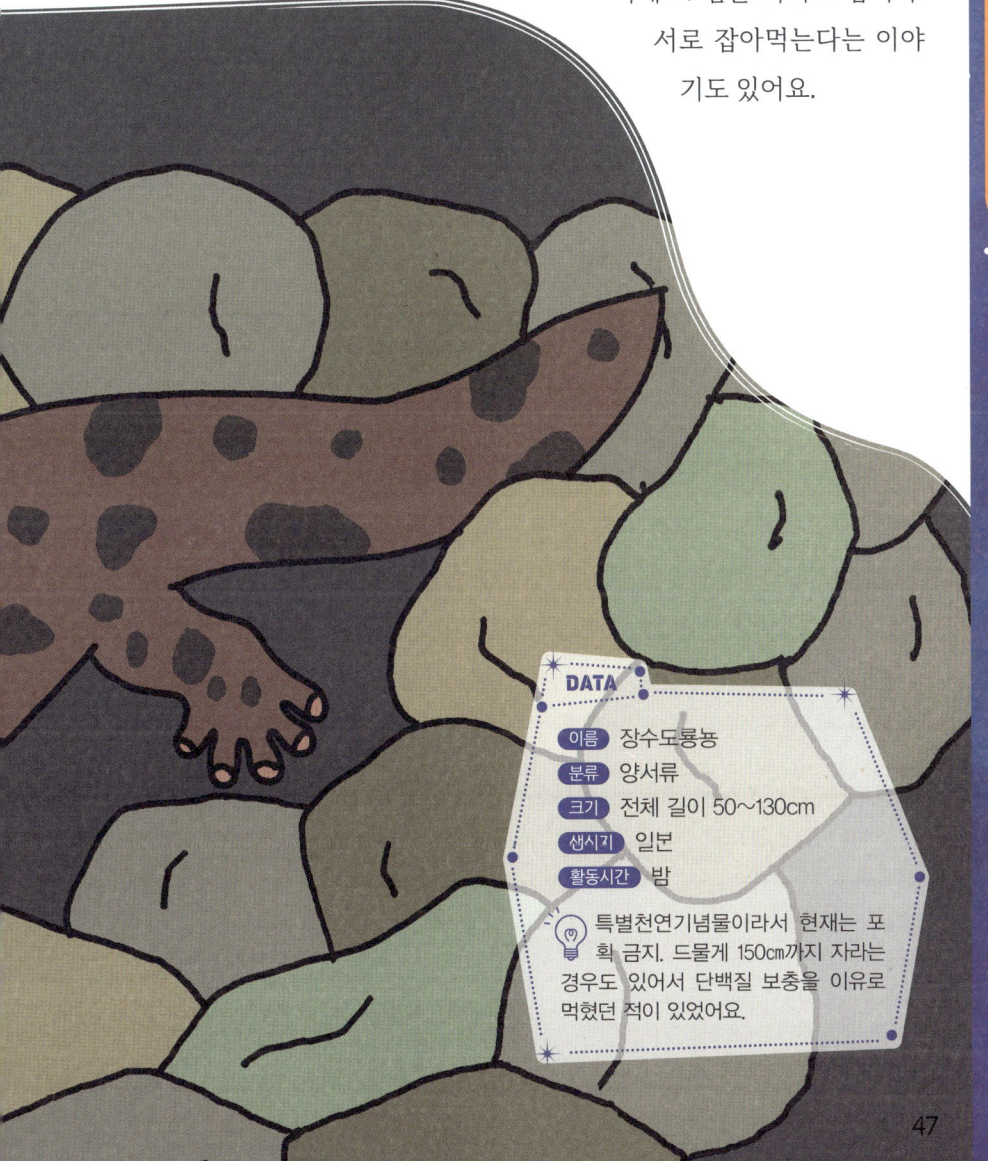

DATA
- 이름: 장수도룡뇽
- 분류: 양서류
- 크기: 전체 길이 50~130cm
- 생시기: 일본
- 활동시간: 밤

특별천연기념물이라서 현재는 포획 금지. 드물게 150cm까지 자라는 경우도 있어서 단백질 보충을 이유로 먹혔던 적이 있었어요.

장수풍뎅이는
밥 먹으랴 짝 찾으랴
밤에 제일 바빠요!

곤충의 왕자 장수풍뎅이. 투구벌레와 함께 인기 많은 벌레입니다. 장수풍뎅이도 투구벌레도 야행성으로, 해가 질 무렵 꿀이 있는 곳에 수액을 빨러 나옵니다. 수명이 길지 않아도 식사와 번식은 매우 중요합니다. 수컷과 암컷 장수풍뎅이의 만남은 대부분 식사할 때 이루어져요. 암컷이 페로몬을 뿜어내면서 유혹합니다. 꿀이 있는 곳은 매우 중요한 만남의 장소이기도 하지요.
밤에는 그렇게 밥도 먹고 짝도 찾아 활발하게 움직여야 하는 만큼, 낮에는 충전 모드예요. 나무 뿌리나 부엽토, 마른 잎 아래에서 휴식합니다.

DATA

- 이름: 장수풍뎅이
- 분류: 곤충류
- 크기: 몸 길이 3~5.5cm (수컷의 뿔 제외)
- 생식지: 동아시아
- 활동시간: 밤

장수풍뎅이 하면 뿔! 이 뿔은 암컷이나 꿀이 있는 곳을 경쟁하는 수컷끼리 싸울 때 쓰입니다. 단, 적에게 잡히지 않으려면 뿔이 짧은 쪽이 더 유리하다고 하네요.

흰코사향고양이는 밤에 팔팔하게 돌아다녀요

"오늘 밤도 갑니다!"

밤에 주택가를 누비는 검은 그림자. 쥐나 족제비가 아닌, 흰코사향고양이입니다. 사향고양이과인 흰코사향고양이는 <u>야행성이라 밤에 팔팔해져요</u>. 흰코사향고양이도 먹이를 찾거나 둥지를 짓거나, 동료와 싸우거나 할 때 <u>고양이처럼 눈이 빛납니다</u>. 식욕이 왕성해서 야채나 곤충 등 무엇이든 잘 먹어요. 최근 일본에서는 흰코사향고양이가 마을에 와서 굴을 만들고 밭을 파헤쳐 놓은 게 문제가 되었어요. 굴에서 냄새가 나서 매우 곤란했던 곳도 있다고 하네요.

DATA

- **이름** 흰코사향고양이
- **크기** 몸 길이 50~75cm
- **생식지** 중국 남부, 동남아시아, 남아시아, 일본
- **활동시간** 밤
- **분류** 포유류

💡 흰코사향고양이의 또 다른 이름은 백비심(白鼻芯). 이마부터 코까지 그려져 있는 하얀 선이 있어서예요. 특기는 나무 오르기로, 전선을 타고 이동하는 경우도 있어요. 겁이 많아서 사람을 만나면 바로 도망가요.

2 동물들의 소란스러운 밤

개구리는 큰 눈으로 적을 위협해요

눈싸움으로는 지지 않아!

밤이 되면 우렁차게 들리는 개구리 울음소리. 낮에는 많이 듣지 못하죠. 이처럼 개구리도 야행성입니다. 우렁찬 울음소리는 사실 수컷이 암컷을 유혹하는 소리예요.

그리고 겉모습만 봐도 밤에 적응한 동물이라는 걸 알 수 있는 특징이 있어요. 개구리의 눈이 매우 크지요? 올빼미처럼 눈이 큰 덕분에 어두워도 물체가 잘 보입니다. 매섭게 노려보는 눈은 적에게 위협하는 용도로도 쓰입니다. 개구리는 자다가도 적이 다가오는 걸 느끼면 눈을 떠서 상대를 위협합니다. 그렇게 큰 눈이 갑자기 노려보면 깜짝 놀라겠죠. 눈은 자기 쓰임새를 아주 톡톡히 소화하고 있네요!

DATA
- 이름: 청개구리
- 분류: 양서류
- 크기: 몸 길이 2~4cm
- 생식지: 일본
- 활동시간: 밤

개구리니까 물가에 있을 거라고 생각하기 쉽지만, 청개구리는 알을 낳을 때 빼고는 나무에서 살아요. 숲속이나 마을에서도 잘 발견됩니다. 헤엄치는 건 빠르지만, 장거리 헤엄은 힘들어해요.

닭은 밤에 아무리 달려도 넘어지지 않아요

밤에도 완전 잘 달린다구!

새는 밤눈이 어둡다는 말이 있는데요. 사실 그건 틀렸어요! 몇몇 새를 제외하고는 밤에도 잘 보인다고 합니다. 만약 그렇지 못했다면 야생에서 살아남기 힘들었겠지요. 사람과 가까이 지내는 닭이 밤에 잘 움직이지 않는 걸 보고 오해가 생긴 모양입니다.

물론 닭도 밤눈이 어둡지 않아요. 밤에 위험을 느끼면 엄청난 속도로 도망갑니다. 그런데도 구르거나 부딪히거나 하지 않아요! 다시 말해 어둠 속에서도 사방이 잘 보이는 거라고 생각할 수 있겠지요. 뭐, 하늘에서 먹이를 찾아내는 독수리나 매에 비교하면 잘 보인다고는 할 수 없겠지만요!

DATA

- 이름: 닭
- 분류: 조류
- 크기: 몸 길이 50~70cm
- 생식지: 야생 아님
- 활동시간: 낮

💡 닭의 조상은 동남아시아 밀림에 서식했던 적색야계라는 야생의 새라고 합니다. 약 4000년 전에 인간이 사육한 것으로 알려져 있는, 매~우 역사가 깊은 동물이에요.

2 동물들의 소란스러운 밤

마다가스카르손가락원숭이는 나무를 두드려 그 안에 있는 벌레를 찾아요

마다가스카르손가락원숭이는 밀림에 사는 원숭이입니다. 하지만 생김새는 원숭이라기보다는 박쥐에 가까울지도? 누군가에게는 비호감일 수도 있어요. 나무 위에서 생활하고 완전히 야행성입니다. 낮에는 나뭇잎이나 나뭇가지로 만든 집에서 자고, 밤이 되면 식사를 하기 위해 일어납니다.

마다가스카르손가락원숭이의 식사법이 아주 재미있어요! 나무 표면을 손가락으로 두드려서 안에 있는 벌레를 잡는답니다. 귀가 밝은 마다가스카르손가락원숭이는 두드림에 반응하는 벌레 소리를 듣고, 손가락으로 나무를 파서 잡아 먹어요.

그래서 마다가스카르손가락원숭이의 앞발가락은 중지가 유난히 길어요. 나무 껍질을 벗기기가 매우 편하거든요! 벌레를 잘 잡기 위해 손가락이 진화한 것입니다.

밤이 되면 마다가스카르 섬의 밀림에서는 마다가스카르손가락원숭이의 두드림 소리가 경쾌하게 들려옵니다.

2 동물들의 소란스러운 밤

거미는 시력이 나쁜 대신 청력이 좋아요

긴 다리로 밤에 슬금슬금

거미 얼굴을 자세히 보신 적 있나요? 눈이 8개나 있답니다. 그렇게 눈이 많은데도 시력이 매우 나쁘다고 해요.

그래도 거미가 밤에 움직일 수 있는 건 소리에 민감하기 때문이에요. 귀와 고막은 없지만, 앞발에 있는 털이 센서가 되어 소리의 진동을 느낄 수 있습니다. 소리를 구별하는 것은 물론, 매우 멀리 있는 소리에도 반응한다는 연구 결과가 있어요.

이렇게 예민한 청력 덕분에 거미는 한밤중에도 별 문제 없이 다닐 수 있습니다. 밤에는 천적인 새에게도 발각되지 않아서 거미는 더 안심할 수 있어요!

DATA

- **이름** 거북이등거미
- **분류** 거미류
- **크기** 몸 길이 2~3cm(발까지는 10~13cm)
- **생식지** 온대, 아열대, 열대 지역
- **활동시간** 밤

💡 긴 다리가 기분 나쁘게 생겨서 미움받기 쉽지만, 사실은 바퀴벌레나 작은 쥐를 잡아먹는 이로운 벌레예요. 거북이등거미가 2~3마리 있으면 한 집의 바퀴벌레가 반 년만에 전멸한다고 합니다.

스라소니의 별명은
'밤을 꿰뚫어보는 눈'

이름 멋있지?

추운 지방에서 사는 고양이과의 스라소니는 '링크스'라고도 불립니다. 그리스어로 '빛'이라는 뜻인데요. 그것이 전해져 '매서운 눈을 가진 자', '밤을 꿰뚫어보는 눈'이라는 의미의 밤눈이 밝은 스라소니를 대표하는 이름이 되었다고 합니다. 참 신비롭고 멋있지요!
스라소니는 원래 야행성이지만 낮에도 활동해요. 배가 고파지면 멋진 사냥 실력으로 낮에도 먹잇감을 잡습니다. 눈이 많이 오는 지역에 살지만, 폭신폭신한 모피가 추위를 막아줍니다. 또 발바닥이 커서 눈에 파묻히지도 않아요. 극한지역에서 살아남기에 좋은 몸이네요!

DATA
- 이름: 유럽스라소니
- 분류: 포유류
- 크기: 몸 길이 80~130cm
- 생식지: 유럽, 시베리아
- 활동시간: 밤, 낮

💡 어른 스라소니는 독자적으로 생활합니다. 울음소리가 매우 작아서 좀처럼 위치를 알기 어렵고, 남겨진 먹이나 발자국이 있어도 모습을 못 찾는 경우가 많아요. 매우 신비롭죠?

거저리의 무기! 거꾸로 서서 방귀 뀌기

으악~!

먹어랏, 내 비장의 무기!

거저리라고 하는 생소한 이름의 벌레가 있습니다. 어두운 곳을 좋아하고, 빛을 매우 싫어해요. 밝은 곳으로 나오면 서둘러 그늘진 쪽으로 도망가려 합니다. 태양을 정말 싫어하기 때문에 역시나 야행성입니다.

거저리가 사는 곳은 마른 잎이나 썩은 나무, 부엽토 등 습기를 머금은 어두운 곳들이에요. 밤이 되면 균류나 이끼를 찾아 돌아다닙니다. 그때 새나 쥐, 파충류의 표적이 되기 쉬운데 비장의 무기로 회피합니다. 그렇습니다. 거저리의 필살기는 악취! 스컹크처럼 엉덩이를 들어 악취를 내뿜어요. 죽은 척하기도 특기랍니다!

DATA

- 이름: 거저리
- 분류: 곤충류
- 크기: 몸 길이 12~18mm
- 생식지: 열대, 온대
- 활동시간: 밤

💡 성충은 다들 잘 모르지만, 유충은 산 미끼(밀웜)로 많이 쓰입니다. 대량번식이 가능해서 낚시 미끼가 되기도 하고, 반려동물인 파충류나 양서류, 작은 새 등의 먹이로도 쓰여요.

전기조개는 빛을 내서 적에게 경고해요

매우 화려한 빨간 촉수를 구불구불 뻗고 있는, 조금은 신기하게 생긴 두껍질조개. 전기조개라고 불립니다. 그런데 이 조개, 빛을 비춰보면 표면이 번개처럼 번쩍번쩍 빛나요! 게다가 그 빛이 움직이기까지 한다는데요! 껍질에 그 이유가 있습니다.

전기조개는 곤충처럼 발광하는 기관이 몸에 따로 있지 않고, 껍질 가장자리에 있는 세포가 빛을 반사해서 번쩍번쩍하게 보입니다. 그러니까 빛이 어떻게 닿는지에 따라 반짝이는 곳이 바뀌는 거지요. 이 빛으로 '나를 먹으면 큰일이 날 거야'라고 적에게 경고하는 것 같아요.

DATA
- 이름: 전기조개
- 분류: 연체동물
- 크기: 조개 폭 5.6cm
- 생식지: 열대의 얕은 바다
- 활동시간: 밤

💡 산호초와 암초가 있는 얕은 바다에 서식해요. 바위의 틈이나 갈라진 곳에 있는 경우가 많아서 좀처럼 찾기 어렵습니다. 색은 너무나도 예쁘지만, 먹으면 알싸한 맛이 강해서 맛은 없다고 하네요.

슬로우로리스는 밤이니까 천천히 이동할 수 있어요

처언천히 신중하게!

원숭이 친구 중에는 늘보원숭이가 있습니다. 늘보원숭이의 동료들은 모두 야행성이에요. 낮에는 집에서 자고, 밤이 되면 모습을 드러냅니다.

늘보원숭이 중에서 동작이 가장 느린 게 '슬로우로리스'. 나무에서 나무로 이동할 때도 신중히 움직입니다. '슬로우(slow)'는 영어로 '느리다'라는 뜻인데, 정말 이름 그대로예요! 움직임이 매우 독특해서 '광대원숭이'라고도 불린다고 하네요. 동작이 매우 느린 이유는 소리를 내지 않기 위해서예요. 그래야 적이 눈치채기 어려우니까요. 밤에는 적이 많지 않으니까 동작이 느려도 위험할 일이 줄어들겠지요.

DATA

- 이름: 슬로우로리스
- 분류: 포유류
- 크기: 몸 길이 25~38cm
- 생식지: 동남아시아
- 활동시간: 밤

💡 원숭이들 중에 유일하게 독을 가지고 있어요! 발꿈치 안쪽에서 나오는 분비물과 타액이 섞이면 매우 강한 냄새가 나는 독으로 바뀝니다. 슬로우로리스는 이걸 전신의 털에 발라, 피부 기생충을 예방하는 데 쓴다고 하네요.

도마뱀붙이는 거꾸로 있어도 머리에 피가 쏠리지 않아요

거꾸로 있어도 아주 편하다구

야심한 밤, 창문에 찰싹 붙어 있는 도마뱀? 아뇨, 도마뱀붙이입니다. 사람들이 사는 집 근처에서 사는데요. 빛 때문에 모이는 벌레들을 잡아 먹기에 좋고 벽 틈이 잠자리로 하기에 좋기 때문이에요.

거꾸로 붙어 있는 도마뱀붙이를 보고 놀라는 사람들도 많지만, 원래 혈류가 적어서 머리에 피가 쏠리지 않아요. 발 밑은 벽에 딱 붙는 테이프처럼 되어 있어서 떨어질 염려도 없습니다. 그래서 거꾸로 있어도 편히 자고, 좁은 벽 틈도 활용할 수 있답니다.

DATA

- 이름: 도마뱀붙이
- 분류: 파충류
- 크기: 몸 길이 10~14cm
- 생식지: 중국 동부, 대한민국, 일본
- 활동시간: 밤

💡 도마뱀과 비슷해서 적에게 잡힐 것 같으면 스스로 꼬리를 자릅니다. 그 후에 꼬리는 재생되지만 처음과 같은 모습으로 완전히 돌아오지는 못하고, 원래 것보다 짧거나 비뚤어지는 경우가 많다고 해요.

밤에 눈 덮인 들판에서 소리 높여 울부짖는 늑대. 그 주위에 그를 따르며 우는 늑대 무리. 대장이 울부짖자 무리의 사기가 올라갑니다. 늑대를 상상하면 이런 멋있는 이미지가 떠오르지요.

늑대가 멀리서 울부짖긴 하지만 실제로는 동료들의 사기를 올리기 위한 건 아니에요. 사냥에 나가기 전 "우리 지금부터 사냥에 나갈 거야~" 하고 다른 무리에게 알리는 거랍니다. 이렇게 하면 다른 무리와 사냥 장소나 시간이 겹치지 않기 때문에 경쟁을 피할 수 있죠. 야생동물에게 가장 무서운 건 상처가 나서 움

늑대는 밤에 울음소리로 자신들의 위치를 알려요

2 동물들의 소란스러운 밤

직이지 못하게 되는 것! 필요 없는 싸움은 피하는 것이 철칙입니다! 늑대는 보통 야행성으로 불리긴 하지만, 정확히는 박명박모성(24쪽)이에요. 저녁부터 이른 밤, 또는 새벽에 가장 활발하고 한밤중에는 별로 활동하지 않아요.

DATA
- 이름: 회색늑대
- 분류: 포유류
- 크기: 몸 길이 100~160cm
- 생식지: 유라시아, 북아메리카
- 활동시간: 저녁, 새벽

💡 한국 늑대는 일제강점기 시절에 무분별한 포획으로 멸종되었다고 알려져 있어요. 하지만 러시아에서 늑대를 수입해 복원에 성공했다고 합니다.

61

동물원의 밤, 동물들은 무엇을 하고 있을까?

동물원에서도 야행성 동물과 주행성 동물은 각기 다른 모습을 보여줍니다. 밤이 되면 동물원에서는 무슨 일이 일어날까요?

야행성 동물은 낮에는 잠자는 모습만 보여주기도

낮에 문을 여는 동물원. 동물들이 우리 안에서 제각기 시간을 보냅니다. 하지만 보고 싶었던 동물이 자고 있기만 한 적이 있지요? 그렇습니다, 인기 많은 사자나 호랑이는 사실 야행성이에요. 우리와 반대로 낮에 잠을 잔답니다.

야행성 동물들은 저녁부터 활발해지는데, 아쉽게도 동물원은 문 닫을 시간이 됩니다. 모처럼 움직일 의욕이 생긴 많은 동물들이 숙사로 돌아가야 합니다. 숙사가 좁아서 들어가기 싫어하는 동물들도 있어요.

낮에 팔팔했던 동물들이 밤에는 새근새근

숙사에 돌아간 사자들은 대체로 우왕좌왕하거나 밥을 먹거나 하며 밤을 지샙니다. 이 시간대가 가장 쌩쌩해요.

한편 주행성인 기린이나 코끼리, 얼룩말 등은 밤에 숙사 안에서 잠듭니다. 추위에 강한 동물은 날씨가 좋으면 밖에 있기도 해요. 낮에 활발했던 원숭이나 새들도 밤에는 조용합니다.

최근에는 '밤의 동물원'을 가보는 투어도 생겼다고 하는데요. 낮에 볼 수 없었던 동물들의 모습을 밤에는 볼 수 있을지도 모릅니다!

제3장

동물들의 조용한 밤

밤에 자는 동물들에게도 신비로운 일이 많아요.
동물들 깨지 않게 살그머니 보고 오도록 해요!

오랑우탄은 매일 밤 새로운 침대를 만들어요

침대 만들기가 특기예요!

DATA
- 이름: 보르네오오랑우탄
- 분류: 포유류
- 크기: 몸 길이 수컷 100~150cm, 암컷 80~120cm
- 생식지: 보르네오섬
- 활동시간: 낮

💡 원숭이는 무리를 지어 사는 경우가 많은데, 오랑우탄은 무리를 만들지 않고 자립한 후에는 보통 혼자서 살아갑니다. 일생의 대부분을 20~30m 높이의 나무 위에서 보내기 때문에 외부의 적에게 위협받는 일도 적어요.

오랑우탄은 모아온 나뭇가지와 잎으로 매일 밤마다 잠자리가 될 침대를 만듭니다. 고릴라와 침팬지는 땅 위에 침대를 만들지만, 나무에 매달려 이동하는 오랑우탄은 나무 위에 짓는답니다.

나무에서 떨어지지 않는 튼튼한 침대를 만드는 방법은 어릴 때부터 엄마에게 배워요. 잘 만들 수 있게 되어 자립할 때까지 7~8년이 걸려요. 그전까지는 밤에 엄마와 같은 침대에서 새근새근. 침대 만드는 방법을 배우고 나면 자기가 직접 만든 작은 침대에서 자게 됩니다.

오랑우탄은 열매를 다 먹으면 다른 장소로 이동합니다. 하루에 500m 정도 이동하기 때문에 잠자리가 매번 바뀝니다. 기껏 만든 침대도 아쉽지만 다음 날엔 두고 갈 수밖에 없어요.

야행성이 아닌 특이한 올빼미, 가시올빼미

올빼미와 비슷한 친구들은 거의 다 야행성이지만 가시올빼미는 다릅니다. 낮에 활동하고 밤에는 굴에서 잠을 자요.
굴을 직접 파지 않는답니다. 프레리독과 같은 다른 동물이 쓰고 남긴 굴을 재활용해요. 땅에 있는 집을 부리로 파서 살기 편하도록 리폼해요.
가늘고 긴 다리를 가진 가시올빼미! 겉모습도 그렇고 낮에 활동하는 것도 그렇고 올빼미들 사이에서는 조금 특이한 존재이지요?

DATA

- **이름** 가시올빼미
- **분류** 조류
- **크기** 몸 길이 23~28cm
- **생식지** 남북아메리카
- **활동시간** 낮

💡 가시올빼미도 물론 날 수 있지만, 긴 다리로 땅을 달려 메뚜기를 쫓아가는 모습이 매우 인상적이에요. 굴 근처에 뱀과 같은 다른 동물의 똥을 모으고, 그 똥에 모인 벌레를 먹이로 삼을 만큼 영리해요.

하늘다람쥐는 옹기종기 모여서 잠을 자요

모두 모여서 자면 무섭지 않아요

겨울이 매우 추운 일본 홋카이도에서 사는 하늘다람쥐. 겨울잠은 자지 않아요. 하루 한 번 수액이나 새싹을 먹으러 굴에서 나오는데, 그때를 제외하고는 굴에서 장시간 잠을 잡니다. 추운 계절에는 다른 계절과 다르게 지낸다고 하는데요.

1년중에 추위가 가장 심한 며칠 동안은 친구들이 있는지 없는지 다른 굴을 들여다보다가 어느새 한곳에 모두 집합! 많게는 10마리 정도가 서로 밀치기 놀이를 하고 있나 싶을 정도로 옹기종기 모여서 잠을 잡니다. 서로의 몸을 따뜻하게 해서 혹독한 추위를 버티는 거예요.

DATA

- 이름: 하늘다람쥐
- 분류: 포유류
- 크기: 몸 길이 15cm
- 생식지: 일본 홋카이도
- 활동시간: 밤

💡 하늘다람쥐의 집은 나무에 뚫린 구멍이에요. 직접 둥지를 만드는 것이 아니라, 딱따구리가 만들고 남은 오래된 굴을 쓰는 경우가 많아요. 멧비둘기나 까마귀가 만든 낡은 둥지를 쓰는 경우도 있어요.

치타가 밤에 자는 이유는 발이 엄청 빠르기 때문?

고양이과 동물인 치타. 고양이과는 낮에 자고 밤에 활동하는 경우가 많은데, 치타는 그 반대예요. 그 이유는 사실은 발이 빠르기 때문이래요. 발이 빠른 것과 밤에 자는 게 무슨 상관이냐구요? 치타는 단 3초만에 시속 100km가 될 정도로 매우 빠르게 달릴 수 있습니다. 그 빠르기로 새까만 밤에 달리면 사바나에서는 매우 위험해요! 사바나 땅에는 구멍 뚫린 곳이 많고, 여기저기 울퉁불퉁하거든요. 그런 데를 빨리 달리면 넘어져서 상처를 크게 입을 수 있어요. 야생동물은 몸이 약해지면 적이 바로 덮칠 수도 있기 때문에 최대한 다치지 않는 것이 좋습니다.

그래서 치타는 주변이 잘 보이고 밝은 낮에 활동하고, 어두운 밤에는 잠을 자며 휴식을 취합니다.

DATA
- 이름 치타
- 분류 포유류
- 크기 몸 길이 100~150cm
- 생식지 아프리카, 이란
- 활동시간 낮

💡 치타의 발톱은 달릴 때 미끄러지지 않게 해줘요. 같은 고양이과 동물이어도 고양이나 사자는 발톱을 숨길 수 있지만, 치타는 항상 발톱이 쑥 나와 있답니다.

어른 코끼리는 서서 잠을 잡니다. 네 발로 계속 서 있는 게 불편해지면 한 발만 들어올리거나 긴 상아로 머리를 지탱하는 등 자는 모습이 다양해요.
엄마 코끼리의 곁에서 아기 코끼리는 데구르르 누워서 잡니다. 사람도 아기일 때는 자주 자는 것처럼 아기 코끼리도 자주 자요. 같은 무리의 코끼리들은 이동하려고 할 때 아기 코끼리가 아직 자고 있으면 깨어날 때까지 참을성 있게 기다려줍니다. 심지어 아기 코끼리가 죽은지 모르고 계속 기다린 적도 있대요.

늦잠을 자도 깨우지 않는다니, 코끼리가 되고 싶다고 생각한 친구도 있겠지요? 늦잠 자면 혼나는 동물은 어쩌면 사람뿐일지도 몰라요.

> **DATA**
>
> - 이름 아프리카코끼리
> - 분류 포유류
> - 크기 몸 높이 3~4m
> - 생식지 아프리카
> - 활동시간 낮
>
> 💡 코끼리는 무리에서 기억력이 제일 좋은 한 마리가 대장이 됩니다. 살아가는 데 필요한 먹이나 물이 있는 곳을 잘 기억하는 것이야말로 리더의 매우 중요한 역할이기 때문이지요.

향고래는 서서 자다가 배와 부딪히기도 한대요

고래는 폐호흡을 하지만 육지로 나올 수는 없기 때문에 잘 때도 바닷속에 있습니다. 향고래도 바닷속에서 잠을 자는데요. 재미있는 건 자는 모습! 헤엄칠 때처럼 몸을 눕히지 않고, 몸을 세로로 세우고 잔답니다.

향고래는 무리 지어 행동하기 때문에 잘 때도 몇 마리가 수면 가까이로 모여서 잠을 잡니다. 수면 위로 올라와 숨을 쉬고, 다시 원래 장소로 돌아가 몸을 세운 자세로 자는 걸 반복해요.

요즘 만들어지는 배는 모터 소음이 크지 않아서, 자고 있던 고래들이 소리를 못 듣고 충돌하는 사고가 발생한다고 해요. 사람도 고래도 매우 놀라겠어요!

> **DATA**
>
> - **이름** 향고래
> - **분류** 조류
> - **크기** 몸 길이 수컷 15~18m, 암컷 11~14m
> - **생식지** 세계 각지의 바다
> - **활동시간** 낮
>
> 고래는 인간과 같은 포유류예요. 그래서 수면 위로 나와 공기를 마시는 폐호흡을 해야만 해요. 그래도 폐 크기가 커서 한 번에 공기를 많이 마시고 바닷속에서 긴 시간 있을 수 있습니다.

3 동물들의 조용한 밤

금붕어가 자고 있는지는 어항 어디에 있는가로 알 수 있어요

금붕어 눈에는 눈꺼풀이 없어요. 그래서 사람처럼 눈을 감고 잘 수 없답니다. 그러면 금붕어가 깨어 있는지 자고 있는지 모르겠지요? 걱정 마세요. 눈을 뜨고 있는 금붕어가 자고 있는지 아닌지를 알 수 있는 방법이 있습니다.

힌트는 금붕어가 어항의 어디에 있는가예요. 물밑에 가라앉아 가만히 있으면 자고 있는 거랍니다. 금붕어는 낮에 밝을 때 활동하고 어두워지면 잠을 자요. 집에서 기를 때 밤에 계속 불이 켜져 있으면 금붕어도 잠을 못 자니까 밤에는 주변을 어둡게 만들어줍시다.

DATA

- 이름: 금붕어
- 분류: 어류
- 크기: 전체 길이 2~20cm
- 생식지: 야생 없음(사람이 키움)
- 활동시간: 낮

금붕어에게는 소리를 듣는 기관이 없습니다. 그래서 소리 때문에 잠을 깨는 일은 없어요. 물로 전해지는 파동으로 소리를 느낀다고 해요.

동물원에 있는 대장 원숭이만 드러누워 자요

편한 자세로 자고 싶지만~

원숭이는 무리 생활을 하다가 밤이 되면 각자 마음에 드는 장소에서 잠을 잡니다. 나무 위이기도 하고 땅바닥이기도 하고 제각기 달라요. 잘 때는 거의 모든 원숭이가 몸을 동그랗게 하고 웅크린 자세를 합니다. 아기 원숭이는 엄마 원숭이에게 안겨 새근새근 자요.

축 늘어져 누워서 사람처럼 자는 원숭이도 있던데요? 그건 안전한 동물원에서 안심하고 자는 대장 원숭이뿐이에요. 대장 원숭이가 서열 아래 원숭이에게 털 고르기를 받을 때 정도입니다.

야생에서는 언제 적이 덮칠지 모르니, 바로 움직일 수 있는 자세로 잠에 듭니다. 밤에도 안심할 수 없어요.

DATA

- **이름** 일본원숭이
- **분류** 포유류
- **크기** 몸 길이 50~70cm
- **서식지** 일본
- **활동시간** 낮

💡 눈이 오는 추운 지역에 사는 일본원숭이는 추울 때 가족이나 친한 원숭이끼리 몸을 웅크려 서로를 따뜻하게 해줍니다. 그 모습이 마치 경단처럼 보여서 '원숭이 경단'이라고도 불러요.

> 조금은 피곤하게

서서 자는 동물들

동물원이나 목장에서 서 있는 자세로 자는 동물을 본 적 있나요? 누워서 편히 자면 좋지 않을까 싶지만, 그들에게는 그러지 못하는 사정이 있답니다.

양
발을 접어 넣어서 자기도 해요

보통은 서서 자지만, 잠깐 잘 때는 발을 접어 넣고 있을 때도 있습니다. 이 자세는 다른 반추동물에게서도 볼 수 있어요.

- 크기 전체 길이 2~20cm
- 생식지 야생 없음(사람이 키움)
- 활동시간 낮

염소
가끔은 배를 바닥에 붙이고 싶어요

앉아서 자면 위에 가스가 차요. 하지만 잠깐 동안은 데구르르 눕기도 하고, 배를 바닥에 붙여도 괜찮아요. 몸이 힘들어지기 전에 다시 일어섭니다.

- 크기 몸 높이 40~85cm
- 생식지 세계 각지에서 가축화
- 활동시간 낮

누워서 자면 4개로 나누어진 위에 가스가 차요

초식동물 중에는 위가 4개로 나뉜 '반추동물'이 있습니다. 주식인 풀을 소화하려면 나누어진 위가 필요하기 때문입니다. 위 안에는 식물을 분해해서 소화를 돕는 '박테리아'가 살고 있어요.

반추동물 대부분은 선 채로 잠을 잡니다. 누워서 자면 박테리아가 식물을 분해할 때 나오는 가스가 위에 쌓여 괴롭기 때문입니다.

"누워서 자는 건 사치지!"

소
몸이 큰 만큼 가스도 차기 쉬워요

소는 반추동물 중에서도 몸 크기가 큰 만큼 누워 있으면 가스가 차는 양도 상당해요! 그래서 잘 때는 거의 서 있습니다. 다리가 피로해지면 하나씩 다리를 접어서 쉬기도 합니다.

- 크기 몸 높이 140~150cm
- 생식지 세계 각지에서 가축화
- 활동시간 낮

말
위는 1개지만 장이 길~어요

같은 초식동물이지만 말은 반추동물이 아니라서 위는 1개예요. 그래도 서서 자는 게 기본 자세입니다. 말은 장이 길어서 맹장에서 박테리아가 식물을 분해하거든요. 그래서 장시간 누워 있으면 위가 아닌 장에 가스가 차게 됩니다.

- 크기 몸 높이 160~170cm (서러브레드 종)
- 생식지 세계 각지에서 가축화
- 활동시간 낮

다치거나 몸이 약해져서 누워 있으면 간혹 죽는 경우도 있다고 해요. 수면시간도 짧은데 한 번 자는 것도 참 힘드네요.

짝꿍 긴팔원숭이는 잘 때도 일어날 때도 항상 사이 좋게

내일은 무슨 노래를 부를까?

원숭이는 보통 수컷 한 마리당 암컷 여러 마리의 무리를 만드는데, 긴팔원숭이는 다릅니다. 수컷과 암컷이 한 마리씩 짝이 되고, 매우 사이가 좋아요. 영역을 지킬 때도 이동할 때도 함께해요. 밤에도 서로 기대어 잠든답니다. 아기 원숭이가 있다면 엄마원숭이가 안고 자고요.
긴팔원숭이 중에서도 큰긴팔원숭이는 아침에 일어나면 울음소리를 내어 노래를 부릅니다. 그럴 때도 사이좋게 듀엣이 됩니다♪ 무려 30분 넘게 노래를 부른다고 하니, 이른 아침부터 그러면 시끄러울지도 모르겠어요.

하지만 노래 부르는 건 이곳은 우리 영역이라고 알려주는 행동이에요.
한 마리만 노래를 부르는 일은 없어요. 짝이 없으면 부르지 않는다니, 얼마나 사이가 좋은 걸까요?

DATA
- 이름: 큰긴팔원숭이
- 분류: 포유류
- 크기: 몸 길이 75~90cm
- 생식지: 밀레이 반도, 수마트라 섬
- 활동시간: 낮

💡 큰긴팔원숭이뿐만 아니라 긴팔원숭이 종류 모두가 독특한 울음소리를 냅니다. 그게 마치 노래를 부르는 것처럼 느껴져요. 수컷과 암컷은 음정이나 노래 부르는 박자에 차이가 있습니다.

홍학은 다리를 한쪽씩 쉬면서 자요

서서 자는 것도 피곤해요~

늘씬하고 가는 다리를 지닌 홍학. 한쪽 다리를 들고 다른 한쪽 다리로 서 있는 모습을 자주 볼 수 있지요. 깨어 있을 때 말고 잘 때도 똑같아요. 한쪽 다리로만 서서 흔들림 없이 잘 수 있다니, 훌륭한 균형 감각을 가졌지요!
홍학도 계속 서 있으면 다리가 피로해집니다. 그래서 좌우 다리를 하나씩 번갈아가며 쉬게 해준답니다. 머리를 등쪽으로 굽혀서 날개 밑에 묻고 있을 때가 있는데, 자고 있는 게 아니라 날개 밑에서 주변을 지켜보고 있는 것이에요. 자는 척하면서 자기 몸을 잘 지키고 있답니다.

DATA

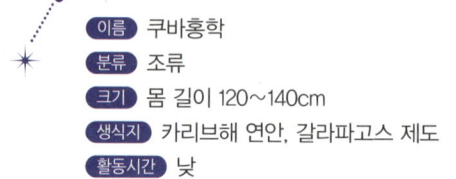

- 이름: 쿠바홍학
- 분류: 조류
- 크기: 몸 길이 120~140cm
- 생식지: 카리브해 연안, 갈라파고스 제도
- 활동시간: 낮

서 있는 다리를 잘 보면 무릎이 거꾸로 굽혀진 것 같은 부분이 있는데요. 거긴 발꿈치예요! 발꿈치를 든 상태에서 발톱만으로 서 있는 것이지요. 훨씬 더 힘들겠어요!

수컷 매미는 잠결에 혼자 울기도 해요

어라!? 나 방금 울었어?

우렁차게 우는 매미도 한밤중에는 조용해집니다. 하지만 가끔 "지짓!" 하고 짧은 울음소리를 낼 때가 있어요. 그건 매미가 잠결에 운 거예요. 마치 사람이 잠꼬대 하는 것처럼요.

매미는 수컷만 울어요. 유충일 때 몇 년 넘게 땅속에서 지내다가 성충이 되면 열흘간 짧은 삶을 살아요. 그 기간 동안 수컷은 울면서 암컷을 부릅니다. 그러니 잠꼬대를 하는 매미도 수컷이지요.

최근에는 밤에도 밝은 곳이 많고 기온이 너무 올라서, 낮과 구별하기 어려워졌습니다.

DATA

- 이름: 유지매미
- 분류: 곤충류
- 크기: 전체 길이 3cm(날개 포함 5~6cm)
- 생식지: 한국, 중국(동북부), 일본, 뉴기니
- 활동시간: 낮

💡 유충이 땅속에서 지내는 기간도 매미 종류에 따라 달라요. 짧으면 3년, 길면 17년까지 산답니다. 땅속에 있을 때는 잠들었다가 깼다가를 반복해요.

들새가 잘 때 다닥다닥 붙어 있는 건 사이 좋아서가 아니에요

"쿨쿨"

거리에서 볼 수 있는 참새나 찌르레기 같은 들새는 저녁이 되면 나무에 함께 모여 있는 걸 볼 수 있어요. '사이가 참 좋네'라고 생각할 수도 있겠지만, 사실 그렇게 행복한 상황은 아니랍니다.

다같이 모여 시끌시끌한 건 사이 좋게 수다를 떠는 게 아니라 "나 저기 앉을래!", "잠깐, 거긴 내 자리야!", "누르지 마!", "밀지 마!" 등 새들끼리 붐비면서 잘 곳을 정하기 위해서예요.

들새는 낮 동안에 각자 먹이를 찾아 흩어져 움직이다가, 잘 때는 몸을 보호하기 위해 가능한 한 안전한 장소를 고르려 합니다.

나무에 잎이 많은 부분은 그늘이 져서 안전하기 때문에 모두가 원하는 잠자리예요. 도시에서는 그런 장소가 흔하지 않기 때문에, 안전한 곳을 찾다 보면 자연스럽게 더 모일 수밖에 없겠지요.

DATA

- 이름: 참새
- 분류: 조류
- 크기: 몸 길이 15cm
- 생식지: 유라시아(한랭지, 인도 제외)
- 활동시간: 낮

💡 들새가 자는 곳은 매일 똑같지는 않아요. 장소 몇 군데를 찜해두었다가, 해 질 무렵이 되면 그 중 낮에 먹이를 찾아 돌아다녔던 곳의 근처로 향합니다. 그래서 모이는 새들도 매일 다르답니다.

3 동물들의 조용한 밤

고니의 몸은 잘 때도 가라앉지 않아요

방수 가공이야

겨울이 되면 한국에 찾아오는 철새, 고니. 주위가 안전하면 물가에 가까운 육지에서 자기도 하지만, 여우나 너구리 등 천적으로부터 안전한 물 위에서 자는 경우가 많습니다.

물 위에 둥둥실 뜬 채로 자면 가라앉지 않을까 걱정되지요? 하지만 괜찮습니다! 엉덩이에 있는 '꼬리샘'이라는 곳에서 기름이 나오거든요. 그 기름을 날개에 발라두면 자면서도 물에 떠 있을 수 있어요. 기름은 물과 섞이지 않고 물 위에 떠 있지요. 그것처럼 기름을 바른 고니의 몸은 가라앉지 않아요. 우리도 저런 몸이라면 수영을 훨씬 더 쉽게 할 수 있었겠네요!

DATA

- 이름: 큰고니
- 분류: 조류
- 크기: 몸 길이 140cm
- 생식지: 유럽 북부, 유라시아 북부 (겨울에는 아시아 등에서도)
- 활동시간: 낮

💡 고니는 헤엄칠 때 물속에서 발을 파닥파닥 움직이지 않아요. 발에 물갈퀴가 있어서 조금만 움직여도 스윽~ 나아갈 수 있습니다. 겉모습뿐만 아니라 헤엄치는 것도 참 우아하지요?

망토개코원숭이는
일찍 자고 일찍 일어나요

망토개코원숭이는 수컷 한 마리와 암컷 여러 마리, 새끼 원숭이가 가장 작은 단위의 무리입니다. 낮에는 두세 무리 정도 모여서 지내지만, 밤에는 더 많이 모여 있습니다. 언덕 여기저기 흩어져서 휴식을 취해요.

같이 모여서 밤을 지내는 이유는 사자나 표범 같은 적으로부터 서로 지켜주기 위해서예요. 언덕에서 자는 것도 주변을 살피기 좋고 적이 가까이 오더라도 바로 도망치기 쉽기 때문이랍니다.

이렇게 안전대책을 잘 세운 덕분에 밤에는 안심하고 자고, 해돋이 시간에 함께 일어납니다. 야행성인 원숭이도 있지만, 망토개코원숭이는 일찍 자고 일찍 일어나는 건강한 생활을 하고 있어요.

DATA
- 이름: 망토개코원숭이
- 분류: 포유류
- 크기: 몸 길이 수컷 60~80cm, 암컷 40~60cm
- 생식지: 아프리카 북부, 아라비아반도
- 활동시간: 낮

💡 망토개코원숭이가 하품을 하는 건 졸릴 때만이 아닙니다. 하품하듯이 입을 크게 열어서 "더 가까이 오지 마!"라고 상대방을 위협할 때도 합니다.

가장 많이 자는 동물 랭킹

수면시간이 가장 긴 순서대로 생물을 나열해보았습니다. 가장 많이 자는 생물과 잠들지 않는 생물이 이렇게나 차이가 많이 나네요!

> 깨어 있는 시간이 거의 없어요!

> 매우 충분히 자고 있어요

> 하루 중 절반은 자고 있어요

> 그냥저냥 자고 있어요

> 자는 시간이 사람과 비슷해요

> 조금만 더 자고 싶은데~?

> 오늘도 잘 못 잤어요...

푹 잘 수 있는 동물이 행복하다!?

동물들의 수면시간은 종류나 사는 환경에 따라 다릅니다. 야생에서 적에게 잡아먹히기 쉬운 초식동물은 수면시간이 짧고, 기린은 20분 정도씩 짧게 잡니다. 그것에 비해 코알라는 엄청 많이 자네요. 사실 코알라는 많이 자야만 하는 안타까운 사연이 있답니다(96쪽). 푹신한 이불에 쏙 들어가 안전하게 잘 수 있는 우리가 가장 행복한 걸지도 몰라요.

밤샘, 밤새서 일하는 건 사람뿐!

아침에 일어날 때
좀 더 자고 싶었던 적이 있나요?
졸려도 어쩔 수 없이
일어나는 건 사람뿐입니다.

졸음을 참아가면서 열심히 일하는 인간

밤 늦게까지 공부 또는 일을 하거나 TV나 컴퓨터를 보는 등 어른도 아이도 매우 바쁘지요. 졸려도 자지 않는 동물은 사람뿐입니다. 다른 동물은 졸리면 바로 자기 때문에, 일부러 깨어 있는 건 상상할 수 없습니다.

오랜 시간 자지 않으면 졸음을 느끼는 물질이 뇌에 쌓이는데요. 쌓이는 속도나 양은 동물마다 달라요. 사람은 하루중 8시간 자고 16시간 깨어 있는 게 이상적이지만, 코알라나 나무늘보는 20시간 자고 4시간 깨어 있는 경우가 흔해요.

졸음을 참을 수 있는 건 사람뿐이라는데, 실제로 우리는 그렇게 지내고 있지요. 하지만 잠이 부족하면 동물에게는 매우 큰 스트레스가 됩니다! 뇌나 신체에 큰 부담을 주기 때문에 우리도 매일 충분히 자도록 합시다.

제4장

동물들의 안타까운 밤

열심히 노력하는데도 뭔가가 이상한 동물들.
밤에도 큰일이 벌어집니다.

흡혈박쥐는 피를 빤 뒤에 오줌이 나오지 않으면 날지 못해요

흡혈박쥐가 가장 좋아하는 건 소와 말 같은 포유류의 피! 밤하늘을 날며 먹이를 찾아다니는데, 먹이에 다가가는 방법이 매우 특이합니다. 사냥감으로부터 조금 떨어진 장소에 착지해서 땅을 기거나 폴짝폴짝 뛰어서 몰래 다가가요. 언뜻 움직이는 게 서툴러 보이지만, 조용히 다가가니까 사냥감이 눈치채지 못합니다. 마치 깜깜한 밤을 누비는 자객 같아요!

흡혈박쥐는 사실 한번에 많이 피를 먹지 못해서 이틀 넘게 먹지 못하면 굶어 죽고 맙니다. 피를 빤다는 게 굉장히 섬뜩하게 느껴지지만, 흡혈박쥐에게는 식사이기 때문에 매우 중요해요. 피를 빨아 먹고 나서 몸이 무거워지면 날 수 없어져, 다시 땅을 기어 도망간답니다.

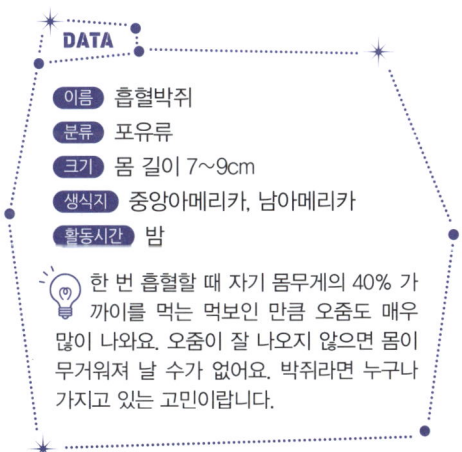

DATA

- 이름: 흡혈박쥐
- 분류: 포유류
- 크기: 몸 길이 7~9cm
- 생식지: 중앙아메리카, 남아메리카
- 활동시간: 밤

💡 한 번 흡혈할 때 자기 몸무게의 40% 가까이를 먹는 먹보인 만큼 오줌도 매우 많이 나와요. 오줌이 잘 나오지 않으면 몸이 무거워져 날 수가 없어요. 박쥐라면 누구나 가지고 있는 고민이랍니다.

점박이하이에나는 사냥감을 새치기당해요

하이에나라고 하면 사자나 표범이 먹다 남긴 먹이를 찾아다니는 게걸스러운 이미지가 있지요? 하지만 점박이하이에나는 다릅니다. 시속 60km를 넘는 빠르기와 뛰어난 체력을 지닌 그들은 사자보다도 훨씬 더 사냥을 잘해요! 밤이 되면 특기를 살려 사냥을 열심히 하기 때문에 먹다 남은 걸 찾아다닐 필요가 없어요. 하지만 모처럼 사냥한 걸 사자에게 뺏기는 경우가 종종 있어요. 알고 보니 얍삽한 건 하이에나가 아니라 '백수의 왕' 사자였네요! 사자와 싸우면 하이에나가 지니까 양보할 수밖에 없습니다.

DATA

- 이름: 점박이하이에나
- 분류: 포유류
- 크기: 몸 길이 95~170cm
- 생식지: 아프리카
- 활동시간: 밤

턱과 이빨이 매우 튼튼한데, 특히 턱의 힘은 포유류 중에서도 제일 세요. 물소처럼 몸이 큰 사냥감도 씹을 수 있습니다. 사냥감을 못 잡았을 때는 동굴 주변에 흩어져 있는 뼈를 먹기도 한대요.

벌새는 잠만 자도 몸무게 10%가 줄어들어요

언제나 줄어드는 내 몸무게…

벌새는 매우 빠르게 날갯짓 하며 공중 유영을 하고 꽃의 꿀을 빨아 먹습니다. 날고 있는 상태를 유지하기 위해 꽃의 꿀에서 얻은 영양분을 바로 에너지로 바꿀 수 있습니다.

하지만 그것 때문에 곤란한 일도 생겨요. 자는 동안에도 에너지가 쓰이는 바람에 잠을 자기만 했는데도 몸무게의 10% 정도가 줄어든다고 합니다!

다이어트 하는 사람에게는 매우 부러운 이야기겠지만, 몸이 작은 벌새에게 10%는 사느냐 죽느냐의 심각한 문제예요. 아침에 일어나면 서둘러 꽃의 꿀을 먹으러 가며 다급한 매일매일을 보내고 있답니다.

DATA

- 이름: 꽃벌벌새
- 분류: 포유류
- 크기: 몸무게 1.5~2g
- 생식지: 북아메리카 남서부~남아메리카 북부
- 활동시간: 낮

💡 날갯짓 하며 제자리에 있을 수 있는 건 벌새만이 가진 능력이에요. 바람이 불어도 날아가지 않도록 꽁지 깃털의 각도나 날개 펼쳐지는 모양을 조정해서 꽃의 꿀을 계속해서 빨아 먹을 수 있습니다.

💬 누워서 자고 싶지만…

기린은 서서 자는 게 훨씬 더 안심된대요

기린의 특징은 역시 가늘고 긴 목과 다리죠. 그만큼 머리나 다리를 접거나 펴는 데 시간이 걸립니다. 만약 '영차' 하고 앉으려는데 사자나 치타가 갑자기 공격해온다면? 바로 당하고 말겠죠.

그래서 기린은 잘 때도 기본적으로는 서서 잡니다. 하지만 한 번 잘 때 10분밖에 자지 않기 때문에, 하루종일 짧게 조금씩 총 1~2시간밖에 자지 않아요! 적이 많은 사바나에서는 장시간 숙면은 불가능해요.

하지만 동물원처럼 적이 없는 곳에서는 안심하고 쭈그려 앉아서 자기도 해요.

DATA

- **이름** 기린
- **분류** 포유류
- **크기** 몸 길이 4.5~6m
- **생식지** 아프리카 남부
- **활동시간** 낮

💡 물을 마실 때도 다리를 꼿꼿이 버티고 서서 머리를 떨군 자세를 취합니다. 이 자세로 있을 때에도 적이 다가오면 도망칠 수 없기 때문에 웬만하면 잎의 수분으로 물을 얻습니다.

햄스터는 쳇바퀴를 굴릴 때 여행중이라고 생각해요

꽤 멀리까지 왔……지?

밤에 햄스터가 쳇바퀴를 굴리는 모습을 본 적 있나요? 그렇게 쳇바퀴 굴리는 게 재밌나 싶지요. 사실 그건 재밌어서 하는 게 아닙니다. 야생 햄스터는 원래 먹이를 찾아 이동하는 습성이 있어요. 그 거리는 하룻밤에 수 킬로미터나 된다고 합니다. 사람으로 치면 풀 마라톤을 달리는 것 이상이지요!

사람에게 길러지는 햄스터도 그 습성이 남아 있어서 밤이 되면 먹거리를 찾으러 멀리 나가려 합니다. 그게 쳇바퀴를 굴리는 행동과 연결되는 거예요. 황야를 향해 가고 있다고 생각하고 있을지도요!

DATA
- 이름: 시리아햄스터
- 분류: 포유류
- 크기: 체중 130g
- 생식지: 아시아, 중동과 근동 지역 등 건조지대
- 활동시간: 밤

💡 햄스터 뺨에는 주머니가 있어요. 양쪽에 1개씩 있어서 거기에 씨나 풀 등을 저장해서 집으로 가져가는 습성이 있습니다. 되는 만큼 최대한 담으면 얼굴 크기가 2~3배 부풀어져요.

코알라는 하루종일 자지 않으면 몸속에 독이 쌓이고 말아요

몸속의 독을 빼내려면 자야만 해…

오스트레일리아를 대표하는 동물, 코알라. 동물원에서도 인기가 많지요. 하지만 항상 잠만 자서, 움직이는 모습을 본 사람은 매우 적을 거예요.
코알라의 평균 수면시간은 18~20시간으로 하루중 대부분이예요. 매~우 게으른 것처럼 보일 수도 있지만, 사실 여기에는 슬픈 이유가 있습니다.
코알라의 주식인 유칼립투스 잎은 섬유질이라서 독소가 매우 강합니다. 거기다 영양가가 낮지요! 코알라는 유칼리 잎을 하루에 500g~1kg 먹어서 영양분을

DATA

- 이름 코알라
- 분류 포유류
- 크기 몸 길이 65~80cm
- 생식지 오스트레일리아
- 활동시간 저녁, 새벽

💡 아기 코알라는 태어난 직후 엄마 코알라 배 주머니에 <u>스스로</u> 들어간대요. 젖을 뗄 나이가 되면 엄마의 똥을 먹어서 유칼립투스 잎을 분해하는 미생물을 몸속에 저장한다고 합니다.

얻어야 합니다. 하지만 그만큼 몸속에 독소가 쌓이는 바람에 이걸 해독해줘야 해요. <u>잠을 자야지만 에너지 소비를 최대한 억제하고 해독에 에너지를 거의 다 쓸 수 있어요.</u> 사실 코알라는 다른 생물이 먹지 않는 유칼리 잎을 주식으로 해서 오스트레일리아에서 살아남을 수 있었어요. 그래도 그만큼 고충도 많은 것 같네요.

쏙독새는 괴롭힘을 당해서 밤에 날게 되었대요

> 밤하늘이 쾌적해!

쏙독새라는 새가 있어요. 새 울음소리가 '쏙독쏙독'으로 들려서 이름 붙여졌어요. 새 중에서는 희귀한 야행성입니다.

옛날에는 다른 새들과 같이 낮에 날아다녔어요. 하지만 같은 먹이를 노리는 매와 독수리에게 번번이 지고, 괴롭힘 당하기 일쑤였습니다. 까마귀에게 쪼이기도 했대요. 그래서 천적이 없는 밤에 활동하게 되었다고 합니다.

지금의 쏙독새는 괴롭히는 새가 없는 밤하늘을 유유히 날아다니는데요. 크게 입을 열어 벌레를 잡아먹으며 매우 쾌적한 식생활을 즐기고 있다고 합니다.

DATA

- **이름** 쏙독새
- **분류** 조류
- **크기** 몸길이 30cm
- **생식지** 아시아
- **활동시간** 밤

💡 둥지는 만들지 않고, 땅 위에 알을 낳아요. 쏙독새의 날개털은 어두운 갈색과 검은색이 섞여 있어요. 나무 줄기나 낙엽과 색이 비슷해서 엄마아빠 새가 알 위에 웅크리고 있으면 적에게 들키지 않아요.

반딧불이가 반딧불이를 속여서 잡아먹는다고?

여름밤에 아름답게 빛을 내는 반딧불이. 이 빛은 사실 반딧불이의 구애행동입니다. 나뭇잎에 앉아서 몸을 반짝반짝 빛내는 것이 암컷, 활발히 돌아다니며 빛나는 것이 수컷이에요. 종에 따라 빛을 내는 방법이나 빛의 밝기가 달라서, 빛을 보고 같은 종의 상대를 찾을 수 있다고 해요.

하지만 반딧불이 중에 무서운 녀석도 있습니다. 다른 종의 암컷이 빛을 내는 방법을 따라해서 수컷을 유인한 뒤, 그대로 잡아먹는 거예요! 수컷은 짧은 시간 내에 암컷을 찾아야 하다 보니 결국 그 수법에 걸리고야 맙니다. 동물의 세계는 참 냉정하네요.

DATA

- **이름** 개똥벌레
- **분류** 곤충류
- **크기** 몸 길이 1.5cm
- **생식지** 미국
- **활동시간** 밤

💡 수컷을 속여서 잡아먹는 종이 바로 베르시콜로르반딧불이. 이 암컷은 빛을 내는 방법을 무려 11개나 따라할 수 있다고 합니다.

상어는 잠자는 동안에도 헤엄쳐야 해요

크고 넓은 바다를 유유히 헤엄치는 상어. 사실 좋아서 헤엄치는 게 아니라, 계속 헤엄치지 않으면 죽을 수밖에 없는 운명이라서 그래요.

사람은 헤엄치는 동안 숨을 들이마시기 위해 얼굴을 바깥에 내밀죠. 물고기는 바닷물을 아가미로 통과시켜 바닷속 산소를 마시기 때문에 물 위로 나오지 않아도 괜찮습니다. 하지만 상어의 아가미는 운동을 못 해요. 바다를 계속 헤엄쳐서 바닷물을 아가미에 직접 통과시켜주지 않으면 숨을 쉬지 못 한대요.

잠자는 동안에도 마찬가지. 움직이지 않으면 가라앉고 마니까 푹 자지 못합니다. 상어도 참 고생이 많네요.

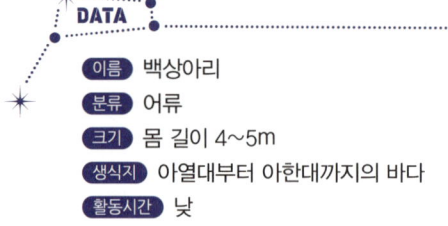

- **이름** 백상아리
- **분류** 어류
- **크기** 몸 길이 4~5m
- **생식지** 아열대부터 아한대까지의 바다
- **활동시간** 낮

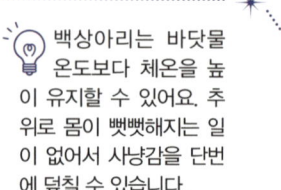

백상아리는 바닷물 온도보다 체온을 높이 유지할 수 있어요. 추위로 몸이 뻣뻣해지는 일이 없어서 사냥감을 단번에 덮칠 수 있습니다.

전갈은 낮에도 빛나는데 아무도 모른대요

난 항상 빛나고 있는데 말이야

신기하게도 전갈은 자외선을 쬐면 파랗게 빛나요. 자외선을 내뿜는 햇빛이나 달빛 아래에 있으면 빛이 나니까, 결국 24시간 내내 빛나는 것이지요. 하지만 아쉽게도 낮에는 햇빛이 너무 세서 빛나는 걸 아무도 모른답니다. 그저 허무하게 빛나고 있을 뿐이에요.

왜 전갈이 빛을 내는지 확실히 밝혀진 이유는 없습니다. 현재까지의 연구로는 시력이 좋지 않아서 자기 집을 찾아갈 때 등불처럼 몸을 빛내는 거라는 설이 유력합니다. 몸이 빛나면 시야가 넓어지니까 집을 찾기 더 빠르겠지요!

DATA
- **이름** 황제전갈
- **분류** 거미류
- **크기** 몸 길이 15~25cm
- **생식지** 아프리카 서부
- **활동시간** 밤

> 전갈은 밥을 적게 먹어요! 귀뚜라미를 한 마리 먹으면 1주일 동안은 아무것도 먹지 않아도 괜찮다고 합니다. 종류에 따라 1년 동안 안 먹어도 되는 전갈도 있어요. 혹독한 환경에서도 살아남기 위해 적응된 몸입니다.

올빼미원숭이는 보름달이 뜨는 밤, 배우자 찾는 데 필사적이에요!

남아메리카에는 올빼미원숭이라는 야행성 원숭이가 있습니다. 사실 올빼미원숭이는 다른 원숭이들과의 싸움에서 지는 바람에 살아남기 위해 밤으로 쫓겨났다는 슬픈 과거가……

그래서 짝을 찾는 일도 밤에 합니다. 보름달 뜨는 밤에 수컷이 큰 울음소리로 자신의 존재를 알리며 암컷을 찾습니다. 올빼미원숭이는 다른 원숭이들과 달리 수컷과 암컷이 평생 한 쌍이에요. 그래서 좋은 짝을 찾기 위해 수컷은 매우 필사적입니다! 평생 함께할 암컷을 찾지 못하면 아기도 가질 수 없으니까요.

보름달 뜨는 밤 상대를 찾아 울부짖는다는 게 로맨틱해보이기도 하지만, 수컷에게는 평생이 걸린 매우 심각하고 진지한 일이랍니다. 올빼미원숭이의 육아는 생후 1~2주까지 수컷이 담당해요. 아기를 어부바하고 다니는데, 젖을 먹일 때만 암컷에게 맡긴다고 합니다.

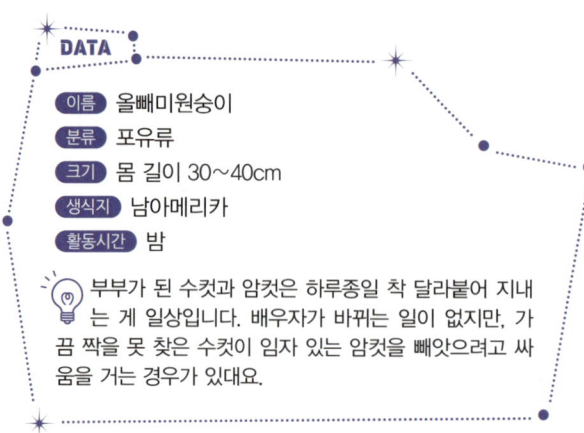

DATA
- 이름: 올빼미원숭이
- 분류: 포유류
- 크기: 몸 길이 30~40cm
- 생식지: 남아메리카
- 활동시간: 밤

💡 부부가 된 수컷과 암컷은 하루종일 착 달라붙어 지내는 게 일상입니다. 배우자가 바뀌는 일이 없지만, 가끔 짝을 못 찾은 수컷이 임자 있는 암컷을 빼앗으려고 싸움을 거는 경우가 있대요.

"어디에 있나요
나의 여~보!"

4 동물들의 안타까운 밤

흰올빼미는 백야에 사냥감 찾기를 힘들어해요

북극권에 살고 있는 흰올빼미는 매년 여름이 되면 사냥감 찾기가 힘듭니다. 왜냐하면 북극권에는 태양이 지지 않아서 밤이 밝은 '백야' 시기가 있기 때문입니다.

올빼미니까 본래 어두울 때 더 잘 보이는 눈을 가지고 있는데, 백야 기간에는 밝은 곳에서 사냥을 해야 하는 것이지요. 분명 흰올빼미도 "대체 왜 이렇게 밝은 거야!" 하며 사냥을 하고 있지 않을까요.

그래서인지 흰올빼미는 올빼미 중에서 드물게 낮에도 활동을 합니다. 북극권의 여름은 낮에도 밤에도 밝기에 큰 차이가 없어요.

DATA

- 이름: 흰올빼미
- 분류: 조류
- 크기: 몸 길이 50~70cm
- 생식지: 북극권
- 활동시간: 낮, 밤

사냥꾼이 파놓은 함정의 위치를 기억했다가 먹이를 가로챌 정도로 똑똑한 흰올빼미. 먹잇감 중 하나인 레밍을 잡을 때는 굴 위를 뛰어다니며 소리를 내서, 깜짝 놀라 얼굴을 내민 레밍을 포식하는 전략을 짜기도 합니다.

몽구스는 밤에 쿨쿨 자느라 반시뱀을 못 쫓아냈어요

몽구스는 외래종으로, 일본에서 반시뱀 개체 수를 줄이기 위해 오키나와에서 유입되어 야생에 풀어졌습니다. 하지만 몽구스는 낮에 활동하기 때문에 야행성인 반시뱀이 나오는 밤에는 새근새근 잠을 잤답니다. 그래서 몽구스를 일부러 들여왔는데도 반시뱀 수가 전혀 줄지 않았어요. 제대로 알아보지 않았던 인간의 잘못이지요.

지금은 얌바루흰눈썹뜸부기(일본 오키나와 북부의 고유 새)나 아마미검은멧토끼 등 일본 토종 동물을 몽구스가 덮치는 바람에, 몽구스가 골칫거리가 되고야 말았습니다. 너무 슬픈 이야기예요.

DATA

- 이름) 몽구스
- 분류) 포유류
- 크기) 몸 길이 20~45cm
- 생식지) 동남아시아, 인도
- 활동시간) 낮

잡식성이라서 포유류, 조류, 파충류, 곤충, 과일까지 뭐든 잘 먹습니다. 이 먹보 때문에 다른 생물이 멸종 직전까지 간 경우도 있어서 여러 나라에서 문젯거리가 되었답니다.

하마는 밤에 이동할 때 똥을 길잡이로 쓴다?

하마 하면 어떤 모습이 떠오르나요? 물속에서 얼굴만 쏙 내민 모습이 생각나시나요? 하마가 항상 물속에 있는 건 그만한 이유가 있습니다. 바로 피부가 매우 약하기 때문이에요!

하마의 피부는 매우 얇아서, 햇빛을 오래 쬐면 화상을 입고 맙니다. 조금이라도

"위험해, 빨리 집에 돌아가야해!"

건조해지면 피부가 찢어지기도 하고요.

연약한 피부의 소유자라서 아프리카의 강한 햇빛 아래에서는 식사도 편히 할 수 없습니다. 그래서 낮에는 자기 영역에서 물을 마시며 여유롭게 지내다가, 밤이 되어야 육지로 올라와 풀이 자란 땅으로 이동해서 식사를 해요.

그리고 해가 뜨기 전에 서둘러서 자기 영역으로 돌아갑니다. 빨리 돌아가야 하기 때문에 길을 헤맬 시간이 없어요! 꼬리로 똥을 털어내어 땅에 떨구면서 이정표로 쓰기도 합니다.

DATA
- 이름: 하마
- 분류: 포유류
- 크기: 3.5~5m
- 생식지: 아프리카 중앙부와 남부
- 활동시간: 밤

💡 하마는 피부에서 끈적끈적한 핑크색 액체를 내뿜습니다. 이 액체가 피부 표면을 보호하고, 자외선이나 건조함으로부터 피부를 지켜줘요. 색 때문에 '피땀'이라고 불리기도 합니다.

4 동물들의 안타까운 밤

너구리는 밤에 지렁이를 찾아 비틀비틀 걸어요

지령이가 어디 있지~?

밤에 너구리가 땅 냄새를 맡으면서 비틀비틀 걷는 모습을 볼 수 있습니다. 무엇을 하고 있는 걸까요? 바로 땅 위에 나온 지렁이를 찾고 있는 겁니다.

너구리는 잡식성으로 작은 동물부터 곤충이나 과일, 식물 새싹 등 다양한 것들을 먹을 수 있습니다. 사실 너구리는 사냥 실력이 꽝이에요! 신선한 고기를 먹고 싶어도 사냥을 못하기 때문에 다른 거라도 이것저것 먹을 수밖에 없습니다. 그중 하나가 지렁이입니다. 크기만 봐도 배불리는 먹을 수 없지만, 너구리에게는 매우 귀중한 단백질입니다.

DATA

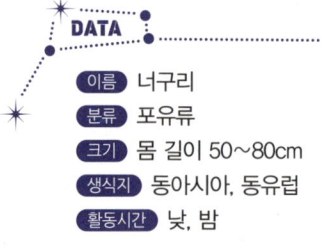

- **이름** 너구리
- **분류** 포유류
- **크기** 몸 길이 50~80cm
- **생식지** 동아시아, 동유럽
- **활동시간** 낮, 밤

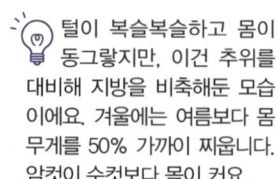

털이 복슬복슬하고 몸이 동그랗지만, 이건 추위를 대비해 지방을 비축해둔 모습이에요. 겨울에는 여름보다 몸무게를 50% 가까이 찌웁니다. 암컷이 수컷보다 몸이 커요.

타조는 가장 센 어미의 알만 지킨다?

타조는 수컷 한 마리가 3~5마리의 부인을 둡니다. 어미는 땅을 움푹 파서 알을 낳아두는데, 중앙에는 가장 서열 높은 어미의 알만 놓입니다. 서열이 낮은 암컷일수록 바깥쪽에 알이 놓여져요.

밤이 되면 점박이하이에나가 알을 노리고 접근합니다. 알을 따뜻하게 품는 건 수컷 담당인데, 바깥쪽에 있는 알을 빼앗겨도 아무 말 하지 않습니다. 서열 1위인 어미의 알만 지키고 있거든요!

그 아래 서열의 어미들을 생각하면 너무 슬픈 이야기이지만, 이것도 치열한 환경 속에서 강한 타조만 살아남기기 위한 자연의 섭리입니다. 강한 부모로부터 강한 자식이 나오게 되는 것이지요.

DATA

- 이름: 타조
- 분류: 조류
- 크기: 몸 높이 수컷 2.1~2.8m, 암컷 1.7~2m
- 생식지: 아프리카 중앙부와 남부
- 활동시간: 낮, 밤

💡 타조는 몸 전체와 머리를 땅에 찰싹 붙이고 잠을 잡니다. 땅의 진동으로 적이 오는 걸 알아채고 도망가기 위해서입니다. 철새나 고래처럼 자는 동안에도 뇌의 반은 깨어 있다고 합니다.

수컷 물개는 암컷을 감시하느라 잘 수 없어요

수컷 물개는 번식기가 되면 암컷들을 모읍니다. 강한 수컷일수록 암컷 수도 많아져, 정말 많이 모으면 무려 60마리인 경우도 있어요! 포유류로서는 최대 규모예요.

하지만 상대 수컷이 싫어서인지 몰래 빠져나가는 암컷도 있습니다. 수컷은 모처럼 모은 암컷들을 한 마리도 놓치고 싶지 않아서 밤에도 잠을 이루지 못하고 식사 시간까지 줄여가며 암컷들을 감시합니다. 아무리 자식을 많이 남기기 위해서라지만 수컷의 걱정이 너무 많지요. 번식기 끝무렵에는 수컷이 홀쭉해진다는 게 충분히 납득이 됩니다.

암컷을 못 데려온 수컷은 번식기에 다른 수컷들과 함께 지냅니다. 바닷가에서 가장 머물기 좋은 땅은 제일 센 물개에게 뺏기기 때문에, 바다에서 멀리 떨어진 불편한 곳에서 지내게 됩니다.

> **DATA**
> - 이름) 북방물개
> - 분류) 포유류
> - 크기) 몸 길이 1.2~2m
> - 생식지) 북태평양, 베링해, 오호츠크해
> - 활동시간) 낮, 밤
>
> 💡 물개는 번식기에만 육지에 올라옵니다. 그 외의 모든 시기에는 바다에서 사는데, 기본적으로 한 마리 또는 두 마리가 같이 지냅니다. 대부분의 시간을 헤엄치지 않고 바다에 둥둥 떠다닌다고 해요.

한밤중에 화장실 다녀오기 대작전

모든 동물에게 오줌과 똥은 매우 중요하죠! 배설하는 동안에는 무방비 상태라서 적에게 공격당하기 쉬운데요. 한밤중에 화장실을 다녀와야 하는 고민 많은 동물들을 소개합니다.

동물은 화장실 때문에 깨어나지는 않아요

사람은 자는 도중에 오줌을 싸려 일어나는 경우가 있지만, 야생동물에게는 그런 일이 없습니다. 깨어 있는 동안에만 배설하도록 되어 있어서 편리해요!

나무늘보의 필사적인 화장실 다녀오기!

나무늘보는 나무 위에서 살면서 1~3주에 1번 정도 똥을 쌀 때만 잠시 나무에서 내려옵니다. 천적인 재규어를 경계하면서 급히 똥을 싸고, 허둥지둥 나무 위로 돌아갑니다. 오줌은 나무 위에서 쌉니다.

오줌은 일어나자마자!

대부분 동물은 일어나자마자 바로 배설합니다. 주행성 동물은 새벽에, 야행성 동물은 저녁에. 어둑어둑한 시간에 하는 이유는 적에게 들키지 않기 위해서예요.

아기 동물들 오줌은 부모님이 핥아줘요

아직 배설 습관이 제대로 만들어지지 않은 아기 동물들은 잠자리에서 배설할 때가 있어요. 그러면 부모님이 핥아서 잠자리를 다시 깨끗이 만듭니다. 오줌 냄새로 적에게 들키지 않기 위한 증거인몌!

소는 서 있는 자세로 똥을 싸요

반추동물(76쪽)인 소는 장이 항상 움직이기 때문에 똥이나 오줌이 대량으로 나옵니다. 자는 동안에도 장이 움직이다 보니 선 자세에서 그대로 똥이 똑똑 떨어지기도 한대요.

침대에 싼 똥을 냅두는 동물들

오랑우탄이나 침팬지는 매일 새 나뭇잎 침대를 만듭니다. 어차피 한 번 쓰고 버리는 침대니까 그곳에 똥과 오줌을 싸고 냅둬도 전혀 신경쓸 필요가 없어요!

제5장

동물들의 놀라운 잠자는 모습

세상에는 특이한 모습으로 잠을 자는 동물도 있습니다.
거기에는 그럴 만한 이유가 있다고 하네요!

멧돼지는 다른 멧돼지의 엉덩이 냄새를 맡으며 자요

냄새가 고약하지만 안심돼

멧돼지는 사람처럼 누워서 잡니다. 여러 마리가 있을 때는 함께 나란히 자는데요. 그 나란히 누운 모습이 아주 재미있습니다! 머리와 꼬리를 한 마리씩 서로 다르게 해서 누워요.
어째서 이렇게 자는지는 아직 밝혀지지 않았습니다. 얼굴과 얼굴이 같은 방향에 있으면 싸우기 쉬우니까 그런 걸까요? 얼굴이 서로 가까운 것보다 상대의 꼬리에 머리를 대고 자는 게 더 안심이 되는 걸까요? 고양이도 몇 마리 키우다 보면 서로 머리와 꼬리를 반대로 하고 자는 모습을 보게 될 때가 있거든요.
사람끼리 엉덩이에 얼굴을 대고 자는 건 말리고 싶지만, 동물들에게는 안심하고 잘 수 있는 방법인가 봅니다.

DATA

- 이름: 멧돼지
- 분류: 포유류
- 크기: 몸 길이 140~170cm
- 생식지: 한국, 일본 등
- 활동시간: 낮

💡 멧돼지는 어미와 새끼가 무리 지어 살아요.. 그래서 나란히 자는 건 어미 멧돼지와 새끼 멧돼지들. 새끼 멧돼지들끼리 어미 멧돼지 옆을 차지하려고 다툼이 일어날 때도 있대요.

칼새는 추락하면서 잔다고?

장기간 계속 날아다니는 철새 칼새는 나는 도중에 잠을 잡니다. 잠들어버리면 날개는 움직일 수 없어져요. 그럼 어떻게 자는 걸까요? 하늘 위로 높이 오른 후에 낙하하는 그 짧은 몇 초 동안 잠을 잘 수 있답니다!
그대로 계속 떨어지면 땅에 부딪히거나 바다에 빠지고 말겠죠. 그래서 바로 직전에 눈을 뜨고 다시 날아오릅니다.
어느 연구에서는 유럽 칼새가 10개월 동안 계속 날았던 적도 있다고 하는데요. 한곳에 머물러 편히 쉴 수 없기 때문에 추락하면서 잠을 잔다니, 엄청난 묘기네요.

DATA

- **이름** 칼새
- **분류** 조류
- **크기** 몸 길이 20cm
- **생식지** 유라시아, 아프리카
- **활동시간** 낮

💡 다리 길이에 비해 날개가 길어서 평평한 곳에서는 날개가 땅에 끌려요. 그래서 땅에서는 날아오를 수 없답니다. 벼랑에 수직으로 있다가 떨어지는 방식으로 날아오릅니다.

캥거루의 자는 모습은 아저씨 같아요

하아 오늘도 수고했구만

캥거루는 늠름한 몸과 어울리지 않게 편히 누운 자세가 매우 재미있어요. 졸릴 때 누워서 한쪽 팔꿈치를 괴고 상반신만 일으켜 배를 벅벅 긁어요. 사람에 비유하면 마치 아저씨 같다며 동물원에서도 인기! 털썩 누워 뒹구는 모습도 볼 수 있습니다.

아기 캥거루는 태어나고 반 년 동안 어미 캥거루의 배 주머니 속에 거의 잠들어 있습니다. 젖을 먹거나 꾸벅꾸벅 졸거나 해요. 똥이나 오줌도 주머니 속에서 싸요. 어미 캥거루가 핥아서 깨끗하게 청소해주기 때문에 아기 캥거루 몸에서 냄새가 나지는 않아요.

DATA

- 이름: 붉은캥거루
- 분류: 포유류
- 크기: 몸 길이 120cm
- 생식지: 오스트레일리아
- 활동시간: 밤

💡 느리게 움직일 때는 앞발도 써서 이동하는데요. 빨리 움직여야 할 때는 앞발을 쓰지 않아요. 뒷발과 꼬리의 탄력으로 점프해서 이동합니다. 무려 시속 50~60km으로 자동차 빠르기와 같아요.

생김새도 귀엽고 성격도 애교 만점인 듀공! 유유히 헤엄치는 모습을 보고 있는 것만으로도 기분이 좋아집니다.

듀공은 잘 때도 바닷속에 있습니다. 하지만 듀공도 우리처럼 폐로 호흡을 하는 동물이에요. 아가미 호흡을 하는 물고기처럼 계속 물속에만 있을 수가 없습니다. 그래서 10분에 1번씩은 물 위로 얼굴을 내밀어 숨을 내뱉고 들이마셔야 합니다. 그렇게 하지 않으면 물에 빠져 죽고 말아요.

꾸벅꾸벅 졸면서 바다 밑에 가라앉아 있다가 잠시 후에 '아이구! 수면 위로 공기를 마시러 가야겠다' 하고 눈을 뜹니다. 10분마다 수면 위아래로 왔다갔다 해야 한다니. 만사태평인 것 같은 듀공도 머릿속에서는 엄청 바빴네요.

슬슬 숨 쉬기가 힘들어지네!

듀공은 10분마다 깨지 않으면 물에 빠져 죽는다?

5 동물들의 놀라운 잠자는 모습

DATA

- **이름** 듀공
- **분류** 포유류
- **크기** 몸 길이 3m
- **생식지** 태평양, 인도양
- **활동시간** 낮

💡 인어는 듀공이 모델인 걸로 알려져 있습니다. 아기 듀공을 가슴에 안고 젖을 물리는 모습이 인간 같아서 그렇다는 이야기가 있지만, 날씬하게 그려지는 인어와 비교하면 좀 달리 보이지 않나요?

얼룩다람쥐는 꼬리가 담요래요

꼬리야 오래오래 잘 붙어 있어줘…

꼬리 털이 수북수북한 얼룩다람쥐. 잘 때는 꼬리를 몸에 두르거나 껴안거나 하는 경우가 있습니다. 분명 꼬리를 따뜻한 담요나 베개처럼 쓰고 있는 거겠지요.

꼬리는 잘 때뿐만 아니라 나무 위에 있을 때도 균형을 잡는 데 쓰여서 아주 유용하답니다.

하는 일이 참 많은 꼬리인데도 잡아당기면 매우 쉽게 떨어져요. 적에게 위협받았을 때 살기 위해 꼬리를 버리고라도 도망갈 수 있기 때문입니다. 하지만 슬프게도, 잘린 꼬리는 다시 자라나지 않는답니다.

DATA
- 이름: 시베리아얼룩다람쥐
- 분류: 포유류
- 크기: 몸 길이 12~17cm
- 생식지: 유라시아 북부
- 활동시간: 낮

💡 오로지 나무 위에서만 사는 다람쥐도 있는데요. 얼룩다람쥐는 나무 위에서도 땅 위에서도 살 수 있어서 행동 범위가 넓습니다. 그래서 집은 땅속 아니면 나무 구멍에 만듭니다.

사실 아르마딜로는 몸을 둥글게 하고 못 자요

둥글게 못 만드는 녀석도 있다구…

등과 머리가 갑옷처럼 딱딱한 '비늘 갑판'으로 덮여 있는 아르마딜로. 수면 시간이 매우 길어요. 땅에 파놓은 굴에서 하루 중 18시간 정도를 잡니다.

몸을 동그랗게 말고 자는 모습을 떠올리곤 하지만, 그게 가능한 건 아르마딜로 중에서도 매우 한정적이에요. 비늘 갑판의 띠가 3줄인 브라질세띠아르마딜로만 둥글게 할 수 있답니다. 다른 아르마딜로는 급소인 배를 땅에 붙이고 잡니다. 주위에 위험한 것이 없다고 느끼면 배를 위로 하고 자는 경우도 있습니다.

- 이름: 여섯띠아르마딜로
- 분류: 포유류
- 크기: 몸 길이 40~50cm
- 생식지: 브라질부터 아르헨티나 북부
- 활동시간: 밤

💡 몸을 덮고 있는 딱딱한 비늘 갑판은 재규어나 갈기늑대 같은 천적으로부터 몸을 보호하기 위해 피부가 변한 것인데요. 권총에 맞아도 그 총알을 튕겨 낼 만큼 딱딱하다고 합니다.

공룡들의 이런저런 자는 모습

멸종했지만

몸집이 큰 공룡,
목이 긴 공룡, 날개가 있는 공룡.
모습은 달라도 자고 싶은 건
한마음이었던 공룡들.
과연 어떤 모습으로
잤을까요?

브라키오사우루스
나무에 기대어 잤다고?

긴~ 목이 특징인 초식 공룡. 앞발이 뒷발보다 길고 키가 큰 나무의 잎을 먹으며 살았어요. 앞발과 목이 길어서 기린처럼 한 번 앉으면 다시 일어서기가 매우 힘들었대요! 서서 나무에 기대어 잤다고 알려져 있습니다.

- **분류** 파충류
- **크기** 몸 길이 25m
- **생식지** 북아메리카, 아프리카
- **활동시간** 낮

💡 몸집은 크지만 머리는 50cm로 작아요. 머리 위쪽에 콧구멍이 있었습니다. 적과 싸울 때 머리는 쓰지 않고 긴 꼬리를 무기처럼 썼을 거라고 추측합니다.

벨로키랍토르
큰 머리를 땅에 털썩

몸에 비해 머리가 큰 소형 육식 공룡. 발견된 화석에서 깃털이 있었던 것으로 보여, 조류에 가깝지 않았을까 합니다. 그래서인지 목을 길게 늘어뜨려 머리를 땅에 붙이고 자는 모습이 타조가 자는 모습(109쪽)과 닮은 것 같기도 하네요?

- 분류 파충류과
- 크기 몸 길이 2.5m
- 생식지 북아메리카, 아프리카
- 활동시간 낮

💡 발견된 화석에서 어두운 곳에서도 시력이 좋았던 것으로 보여져, 야행성이었다는 설도 있습니다. 몸집이 작았기 때문에 낮에 활동했다가 큰 공룡들에 쫓겨나 밤에 활동하게 되었을 가능성도 있습니다.

메이룽
잠든 모습 그대로의 화석으로 발견되다

새가 잘 때처럼 날개 아래에 머리를 넣고 자는 모습의 화석이 발견되었습니다. 잠들어 있는 동안 화산의 유독가스를 마신 바람에 죽게 된 것이 아닐까 짐작합니다.

- 분류 파충류
- 크기 몸 길이 53cm (화석)
- 생식지 중국
- 활동시간 낮

💡 새가 자는 모습과 비슷한 메이룽 화석은 어쩌면 조류가 공룡에서 진화한 것이 아닐까 하는 가설에 매우 중요한 증거가 되었습니다. '잠자는 용'이라는 학명도 있습니다.

나무늘보는 잘 때도 의욕이 없어요

> 그냥저냥 자는 거지~

느릿~한 움직임, 능글맞은 생김새로 의욕이 없어 보이는 나무늘보. 나무에 매달려 하루종일을 지냅니다. 잘 때도 역시나 나무에 매달린 채입니다. 매달린다고 해도 손으로 나뭇가지를 쥐는 게 아니라 낚시바늘 같은 긴 손톱을 나무에 걸고 있는 것뿐이에요. 악력이나 체력은 필요 없습니다.

그래도 나무늘보의 느릿한 움직임에는 이유가 있습니다. 가능한 한 체력을 아껴서 음식을 적게 먹어도 살 수 있기 위해서예요. 다 이유가 있어서 그런 것인데, 게으름뱅이라는 소리를 듣다니. 꽤 억울한 삶을 살고 있는 건지도 모르겠어요.

DATA

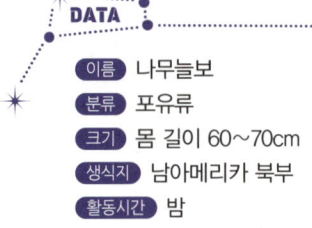

- 이름: 나무늘보
- 분류: 포유류
- 크기: 몸 길이 60~70cm
- 생식지: 남아메리카 북부
- 활동시간: 밤

앞발의 발가락이 2개인 나무늘보는 야행성, 3개인 나무늘보는 주행성입니다. 야행성 나무늘보는 밤에 움직였으니 낮에 깨어 있을 때 더 느릿느릿하게 움직이는데요. 그 모습이 '늘보'라는 이름의 유래라고 합니다.

엄지도치는 빨판으로 몸을 꼭 붙여서 자요

빨판이 있어서 안심하고 쉴 수 있다구~

작고 동그란 몸이 엄지만해서 귀여운 엄지도치. 아무리 커도 우리 손가락만큼의 크기밖에 되지 않아요.

너무 작으면 자는 동안 바닷물에 휩쓸려가지 않을까요? 걱정 마세요! 엄지도치는 빨판으로 바위에 딱 붙어 있을 수 있습니다. 배에 있는 지느러미가 빨판처럼 모양을 바꾸어, 바위나 해초에 몸을 고정할 수 있는 것입니다. 그래서 자는 동안 어딘가로 떠내려가는 일은 일어나지 않습니다.

가끔 아기 엄지도치가 엄마의 등에 붙어 있는 경우도 있어요. 같이 있는 모습도 너무나 귀여워요!

DATA

- 이름 엄지도치
- 분류 어류
- 크기 몸 길이 3cm
- 생식지 한국 남서해, 일본 혼슈에서 큐슈 북부 바다
- 활동시간 밤

💡 아기 엄지도치일 때만 머리에 하얀 원 무늬가 있는데, '천사의 고리'라고도 불립니다. 다만 이때의 몸 크기는 겨우 3~5mm. 확대경으로 봐야 그나마 보일 것 같네요.

5 동물들의 놀라운 잠자는 모습

사자가 잘 땐 백수의 왕 품격은 찾아볼 수 없어요

'백수의 왕'이라고 불리는 사자. 자는 모습도 위풍당당하고 기품 있……지 않습니다.

등을 대고 누워 배를 위로 향하거나, 나무 위에서 다리를 축 늘어뜨려 몸 전체에 힘을 쫙 빼는 등 매우 느긋한 자세로 잠을 잡니다.

더운 곳에서는 몸을 웅크리는 것보다 최대한 쭉 펴는 게 더 시원하기 때문일 수도 있습니다. 하지만 가장 큰 이유는 사자가 다른 동물에게 위협받을 일이 거의 없으니, 자고 있을 때도 걱정이 없기 때문입니다! 그래서 이렇게 방심한 모습으로 잘 수 있답니다.

DATA

- **이름** 사자
- **분류** 포유류
- **크기** 수컷 170~250cm, 암컷 160~180cm
- **생식지** 아프리카, 인도 북서부
- **활동시간** 밤

💡 수컷 사자는 갈기가 길고 까뭇까뭇할수록 힘이 세다고 합니다. 암컷들이 갈기를 보고 짝이 될 수컷을 고른대요.

개미핥기는 소중한 신체부위를 끌어안고 잔대요

소중한 신체부위는 바로 코!

개미핥기는 개미를 먹기 때문에 붙여진 이름입니다. 시력은 나쁘지만 그 대신 후각이 매우 예민해서 개미가 모여 있는 곳을 찾아냅니다. 개미가 모인 곳에 긴 코끝을 파묻어 개미들을 혀로 낼름! 하루에 무려 3만 마리를 먹기도 한다는군요.

그만큼 개미핥기에게 코는 매우 소중한 부위예요. 그래서 낮에 숲이나 나무 위에서 코끝을 꼭 끌어안고 자는 모습을 볼 수 있습니다.

아기 개미핥기는 생후 1년까지 엄마 등에 업혀 이동합니다. 사람과 같이 업힌 채로 잠들기도 한대요.

DATA

- **이름** 남부작은개미핥기
- **분류** 포유류
- **크기** 몸 길이 34~88cm
- **생식지** 남아메리카
- **활동시간** 밤

💡 남부작은개미핥기는 적을 위협할 때 꼬리로 지탱하고 뒷발로 서서 늠름하게 우뚝 선 포즈를 취합니다. 그 포즈가 재미있게 생겨서 한동안 인터넷에서 인기였습니다.

5 동물들의 놀라운 잠자는 모습

해달은 친구와 손을 잡고 자요

배를 위로 하고 물에 둥둥 떠다니는 해달. 배 위에 물에 아기 해달을 안고 있기도 하고, 양손으로 재주 좋게 조개를 깨기도 하는 모습이 참 사랑스럽지요.
육지로 올라오는 일이 거의 없기 때문에 잠도 물에 뜬 채로 자요! 야생 해달은 자이언트켈프라고 하는 매~우 긴 해초를 몸에 감아서, 자고 있는 동안 떠내려가지 않아요. 게다가 해달의 천적인 범고래는 해초가 우거진 곳으로 오기 힘들기 때문에 범고래가 가까이 오지 못하게 하는 장점도 있습니다.
하지만 해초가 없는 수족관에서는 함께 사는 해달과 손을 잡고 자는 때가 있다고 하네요. 직접 보면 너무나도 귀엽습니다♥

DATA

- 이름 해달
- 분류 포유류
- 크기 몸 길이 100~150cm
- 생식지 북아메리카, 알래스카, 캄차카 반도 연안
- 활동시간 낮

💡 소문난 먹보라서 하루에 자기 몸무게의 ¼ 만큼의 음식을 먹습니다. 먹다가 남은 조개는 뱃살 접히는 곳에 끼워두어 매우 소중히 보관하는 습성이 있어요.

머리는 여기가 아니라구

뱀은 사실 머리를 숨기고 있어요

뱀이 기나긴 몸을 둘둘 말아서 똬리를 틀고 있는 때가 있는데요. 뱀에게 매우 안정적인 자세입니다. 잘 때도 나무 구멍이나 돌 밑 같은 곳에서 똬리를 틀고 있어요.

뱀은 눈꺼풀이 없어서 눈을 뜬 채로 잠을 잡니다. 그래서 똬리의 정중앙에 머리를 파고듭니다. 그렇게 해야 눈이 부시지도 않고, 편히 잘 수 있기 때문이에요. 뱀 중에는 꼬리 끝이 눈 달린 머리와 비슷하게 생긴 뱀도 있는데요. 거기를 머리라고 착각해서 공격하러 오는 동물도 있다고 해요. 하지만 똬리 가운데에서 진짜 머리가 튀어나온다면 매우 깜짝! 놀라겠지요.

DATA
- 이름: 구렁이
- 분류: 포유류
- 크기: 몸 길이 100~200cm
- 생식지: 한국 각지
- 활동시간: 낮

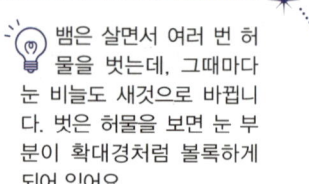

뱀은 살면서 여러 번 허물을 벗는데, 그때마다 눈 비늘도 새것으로 바뀝니다. 벗은 허물을 보면 눈 부분이 확대경처럼 볼록하게 되어 있어요.

비늘돔은 점막으로 만들어진 잠옷을 입고 자요

감싸여 있어서 안심이야

잘 때 불빛이 없어야 한다던가 이불을 꼭 덮어야 한다던가 잠을 푹 자는 방법은 사람마다 다르지요. 물고기 중에서도 독특한 방법이 있는 비늘돔. 아가미에서 분비하는 끈적끈적한 점액으로 투명한 막을 만들어, 그 막으로 온몸을 감쌉니다. 쉽게 말해서 잠옷 같은 거예요.

이게 필요한 이유는 비늘돔 잠자리인 산호초 사이에 비늘돔의 피를 빨아먹는 기생충이 많기 때문입니다. 점액 막으로 몸을 감싸면 체취를 감춰주기 때문에 비늘돔이 기생충에게 물리는 걸 막아준다고 합니다.

DATA

- 이름: 파랑비늘돔
- 분류: 어류
- 크기: 몸 길이 30cm
- 생식지: 인도양, 서태평양
- 활동시간: 낮

성별을 바꿀 수 있대요! 여러 마리의 암컷과 사는 수컷도 있는데, 그 수컷이 죽으면 암컷 중에서 한 마리가 성별을 바꾸어 나머지 암컷들을 거느린다고 합니다.

군함새는 날면서도 잠을 푹 자요

으악, 엄청 푹 잤네!

제비처럼 장거리를 이동하는 철새는 한창 나는 중에도 뇌가 좌우 반씩 번갈아 잠을 자는 '반구수면'을 합니다. 군함새도 반구수면을 한다고 알려져 있었지만, 최근 연구에서 군함새의 뇌파를 조사해보니 뇌 전체가 자는 '전구수면'도 한다는 사실이 밝혀졌습니다. 상승기류에 올라 비행하는 중에 완전히 잠들었다가, 떨어질 것 같아서 깨어나는 경우가 있는 거지요. 또 땅에서는 12시간 가까이 자면서, 날고 있을 때는 평균 40분 정도만 잔다는 것도 판명되었어요.
사람도 무언가를 하면서 동시에 잠도 잘 수 있다면 세상이 더 편리해질까요?

DATA
- 이름: 큰군함조
- 분류: 조류
- 크기: 몸 길이 100cm
- 생식지: 갈라파고스 제도, 유라시아 등
- 활동시간: 낮

💡 바다에 사는 새인데도 피지선이 발달하지 않아서 방수가 되지 않아 날개 털이 젖어요. 그래서 물에 젖으면 날 수가 없게 됩니다. 발도 작아서 잘 걷지 못하고요. 계속 나는 것만큼은 자신 있는 몸입니다.

한쪽 눈만 뜨고 있어용

돌고래는 자는 동안 뇌를 반씩 나누어 사용해요

돌고래는 바닷속에 살지만 사람과 같은 포유류입니다. 고래나 듀공과 같이 물속에서 호흡할 수 없어요.

물속에서 완전히 잠들어버리면 숨을 못 쉬어서 물에 빠져 죽고 맙니다. 그래서 철새처럼 잘 때 뇌의 반쪽씩을 사용합니다. 다른 한쪽 뇌는 '숨을 쉴 수 있도록' 호흡 타이밍을 판단할 수 있게 깨어 있습니다. 그때 눈도 한쪽씩 뜨고 있어서 오른쪽 뇌가 자고 있을 때는 왼눈을 감고 있고, 왼쪽 뇌가 자고 있을 때는 오른눈을 감고 있어요. 자면서도 계속 바닷속에 있기 위한 엄청난 시스템입니다.

DATA

- 이름: 큰돌고래
- 분류: 포유류
- 크기: 몸 길이 2.3~3.8m
- 생식지: 온열대 바다
- 활동시간: 낮

💡 수면 위에 머리를 조금만 내밀어도 숨 쉴 수 있도록 돌고래 콧구멍은 머리 위에 있어요. 숨을 쉴 때만 콧구멍이 열리고 물속에서는 닫혀 있기 때문에 이것 또한 돌고래에게 매우 편리한 구조입니다.

> 이 텐트는 합격~!

온두라스흰박쥐는
텐트를 만들어서 자요

박쥐 하면 까맣고 꺼림칙한 모습이 떠오르죠. 하지만 반대로 새하얗고 털이 복슬복슬한, 매우 귀여운 박쥐가 있어요. 바로 온두라스흰박쥐입니다.

생김새뿐만 아니라 자는 모습도 굉장히 귀엽습니다. 낮에는 헬리코니아라는 식물의 큰 잎을 지붕 삼아 지내는데요. 큰 잎의 가운데에 있는 엽맥을 갉아 먹어서 양 옆의 잎을 아래로 드리워 텐트처럼 만들어요. 그걸 뒤집어보면 수컷 한 마리와 암컷 여러 마리가 거꾸로 매달려 꼭 붙어 자고 있습니다.

텐트 만드는 일은 수컷의 몫이에요. 암컷에게 사랑받기 위해서는 살 집을 만드는 솜씨도 중요합니다.

DATA

- **이름** 온두라스흰박쥐
- **분류** 포유류
- **크기** 몸 길이 3.5~4.5cm
- **생식지** 아프리카 중앙부
- **활동시간** 밤

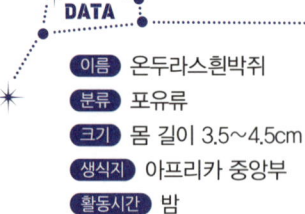

박쥐는 종류에 따라 먹는 게 달라요. 곤충을 먹는 박쥐, 동물의 피를 빨아먹는 박쥐, 과일을 먹는 박쥐로 크게 3가지로 나뉩니다. 온두라스흰박쥐는 과일을 찾아서 밤에 움직입니다.

새는 잘 때도 나무에서 떨어지지 않아요

곯아떨어져도 괜찮아요

잉꼬나 앵무새는 보통 나뭇가지에 서 있는 자세로 잠을 잡니다. 반려동물인 새들도 새장 속 받침대에 걸터 앉아 있지요. 자다가 나무에서 떨어지진 않을지 궁금하지 않나요? 거의 모든 새의 발은 떨어지지 않도록 만들어져 있답니다.

새는 쉬려고 몸의 힘을 빼면 발목이 내려가는데요. 그러면 발목과 연결되어 있는 각각의 발가락 힘줄이 팽팽해져서 자연스럽게 발가락이 꼭 조여집니다. 그래서 힘을 들이지 않고도 발가락이 자동으로 나뭇가지를 꽉 쥐게 돼요. 푹 자다가 곯아떨어져서 나무나 받침대에서 떨어질 일은 없습니다!

DATA

- 이름: 사랑앵무
- 분류: 조류
- 크기: 몸 길이 20cm
- 생식지: 오스트레일리아
- 활동시간: 낮

새의 부리는 무엇을 먹는지에 따라 모양이 달라요. 잉꼬는 나무 열매를 쪼갤 수 있는 강한 부리를 가지고 있고, 독수리처럼 육식을 하는 맹금류의 부리는 갈고랑이 모양으로 날카롭습니다. 나무 속의 벌레를 쪼아 먹는 딱따구리의 부리는 길기로 유명하지요.

웜뱃은 굴에서 엉덩이만 내밀고 자요

야생 웜뱃은 초원이나 숲에서 굴을 파서 살아요. 굴 안에서 잠도 자는데, 가끔 특이한 모습으로 하고 있습니다. 머리만 굴에 파묻고, 엉덩이를 밖으로 내밀어 웅크린 자세로 자는 거예요. 어쩜 '눈 가리고 아웅'이라는 속담과 똑같지요? 이건 사실 천적인 태즈메이니아라는 주머니곰으로부터 몸을 보호하려는 자세입니다. 이러면 굴 속에 있는 아기 웜뱃들까지도 지킬 수 있어요.
엉덩이를 공격하면 어떡하나 걱정되시겠지만, 웜뱃의 엉덩이는 피부가 매우 두껍고 엄청 딱딱해서 물려도 상처를 입지 않는답니다.

그래서 성가신 적에게는 엉덩이 펀치 한 방이 강한 무기가 되기도 합니다.

엉덩이로 내쫓기!

DATA

- **이름** 웜뱃
- **분류** 포유류
- **크기** 몸 길이 90~115cm
- **생식지** 오스트레일리아, 태즈메이니아 섬
- **활동시간** 밤

💡 주사위처럼 사각형 모양의 똥을 싸요. 똥을 쌓아서 자기 영역을 표시하는 습성이 있기 때문에 네모나면 쌓아올리기 쉽겠지요? 그래도 어떻게 네모난 똥을 싸게 되었는지 정확히 밝혀진 것은 없습니다.

항상 탱탱한 피부를 신경쓴답니다

도롱뇽은 피부의 촉촉함을 신경 써요

개구리와 친구인 도롱뇽은 대부분의 시간을 물속에서 지냅니다. 잘 때도 일반적으로는 물속에서 가만히 수초를 꽉 잡고 잡니다. 하지만 폐호흡과 피부호흡 둘 다 할 수 있기 때문에 숨을 쉬려고 물에서 나와 돌 위에서 자는 경우도 있어요. 하지만 장시간 물 밖에 나와 있으면 피부 수분이 빠져나가기 때문에 몸이 건조해져 목숨이 위험해질 수도 있습니다.

물 밖에서 너무 많이 자는 바람에 피부가 건조해지는 일이 없도록 물 안과 밖을 왔다갔다 하며 피부의 수분량을 항상 신경 쓴다고 합니다.

DATA

- 이름 도롱뇽
- 분류 양서류
- 크기 몸 길이 7~14cm
- 생식지 일본 혼슈, 시코쿠, 큐슈
- 활동시간 밤

💡 몸이 건조해지면 목숨이 위험해지지만, 손발이나 꼬리는 잘라도 다시 자라는 재생능력이 있어요. 세상에, 눈알까지 재생 가능한 능력을 가지고 있다고 합니다.

"가장 잠이 잘 옵니다"

표범은 나무 위를 가장 좋아해요

평소에 혼자서 지내는 표범. 잘 때도 자기 몸을 스스로 잘 지켜야 합니다. 그런 표범이 침대로 고른 곳은 바로 나무 위! 땅 위와 비교하면 적에게 공격당할 위험이 적지요. 통풍도 잘 되고 모기에 물릴 가능성도 적다는 점에서 나무 위는 매우 쾌적한 곳입니다.

표범의 친구인 구름표범은 나무 올라타기 선수예요! 나무 위가 곧 사냥하는 장소이기도 해서, 나무 위에 사는 필리핀원숭이 등을 잡아 먹습니다. 땅에 있는 먹잇감에게 뛰어들 수도 있고요. 잘 때도 사냥할 때도 나무를 매우 잘 활용하네요.

DATA

- 이름: 표범
- 분류: 포유류
- 크기: 몸 길이 수컷 140~190cm, 암컷 120cm
- 생식지: 아시아, 아라비아 반도, 아프리카
- 활동시간: 밤

나무 오르는 것 말고도 수영도 잘하고 달리기도 빠릅니다. 사냥감을 쫓아갈 때는 시속 60km로 자동차와 비슷하게 달릴 수 있대요. 점프력도 뛰어나서 2.5m 정도까지는 가볍게 뛸 수 있다고 합니다.

"부리가 너무 큰 것도 문제야"

큰부리새가 겨드랑이 냄새를 맡으며 잔다고?

매우 크고 긴 부리를 가진 큰부리새. 잘 때는 그 부리를 날개 아래쪽에 파묻습니다. 마치 부리를 매우 소중히 다루는 것처럼 보이지요.

왜 날개 아래에 파묻는지 확실히 밝혀진 이유가 있습니다. 새 부리는 크면 클수록 열을 뺏기기 쉬워요. 그래서 밤에는 추워지니까 혈관이 있는 따뜻한 날개죽지에 부리를 넣어 체온이 내려가지 않게 하는 겁니다.

큰부리새가 자기 겨드랑이 냄새를 좋아해서 냄새를 맡으며 잔다는 소문이 있는데, 그건 오해랍니다.

DATA

- 이름 큰부리새
- 분류 조류
- 크기 몸 길이 30cm
- 생식지 중앙아메리카, 남아메리카
- 활동시간 낮

몸에 비해 부리가 너무 커서 음식을 먹을 때 고생하는 큰부리새. 부리 때문에 먹이가 보이지 않는데다 그 상태 그대로 먹을 수가 없기 때문에, 먹이를 높이 던져서 받아 먹는대요.

바다표범은 땅에서 잘 때만 꿈을 꾼대요

물속에서는 꿈을 꾸지 못해요

바다표범도 돌고래와 같이 물속에서 잘 때는 '반구수면'을 합니다(130페이지). 주기적으로 공기를 마셔야 하기 때문에 자면서도 바다 위로 나올 수 있게 뇌의 반은 깨어 있어요. 꿈을 꾸려면 뇌 전체가 푹 자야 하기 때문에, 아쉽게도 바다표범은 물속에서는 꿈을 꾸지 못합니다.

하지만 항상 물속에서만 자는 게 아니라서 가끔은 땅 위로 올라와 자기도 하는데요. 헤엄칠 필요가 없는 육지에서는 뇌 전체가 잘 수 있으니, 육지에서는 바다표범도 꿈을 꿀지도 모릅니다.

DATA

- **이름** 잔점박이물범
- **분류** 포유류
- **크기** 몸 길이 수컷 160~200cm, 암컷 140~170cm
- **생식지** 태평양부터 대서양까지
- **활동시간** 낮

💡 바다표범은 몸을 일으켜 세울 수 없는 체형이라서 육지에서 기어다닐 수밖에 없어요. 하지만 물속에서는 300m나 잠수가 가능하고 시속 40km 이상의 빠르기로 헤엄치며 매우 활발히 움직인다고 해요.

5 동물들의 놀라운 잠자는 모습

판다와 고양이의 재미있는 자세 대결

적이 없어서 안심하고 자는 동물원이나 집에서는 다양한 자세를 보여주며 잠을 잡니다. 여러분은 어떤 모습이 가장 사랑스럽나요?

판다

배를 보여주는 건 위험한 행동이라 야생 판다는 거의 하지 않는 자세예요.

위를 보고 누운 자세

냅다 드러누운 자세

앉은 자세

탈진한 듯이 엎드려 손발을 축 늘어뜨리고 뻗은 채 자는 경우도 있습니다.

앉은 채로 쿨쿨. 먹이를 주고 잘 때도 있어요.

둥글게둥글게 자세

늘어뜨린 자세

웅크리고 쿨쿨. 엉덩이가 귀여워요 ♥

나무 위에 쿠욱. 떨어질 것 같지만 균형을 잘 잡고 있답니다.

고양이

배꼽이 하늘을 향해 있는 자세. 안심하고 자고 있다는 증거입니다.

배꼽 내민 자세

추울 때 자주 볼 수 있는 자세로, 암모나이트처럼 동그랗게 하고 잡니다.

암모냥이트 자세

죄송합니다 자세

몸을 웅크려 '죄송합니다' 하는 듯한 포즈로 잡니다.

유연한 몸을 지닌 고양이만이 할 수 있는 흐늘흐늘 구부러진 자세.

아크로바틱 자세

우리가 보기에 좁은 상자는 불편해 보이지만, 고양이에겐 더할 나위 없이 안심하고 잘 수 있는 곳입니다.

상자에 쏙 자세

정자세

아기 고양이가 푹 잘 때 손발을 꼿꼿하게 펴고 자는 경우가 있습니다.

잘 때도 눈을 뜨고 자는 동물은 누가누가 있을까?

동물 중에는 사람처럼 눈꺼풀 있는 동물이 있는 반면, 없는 동물도 있습니다. 눈을 뜨고 자는 동물은 누가 있을까요?

눈꺼풀이 없어요
눈이 감기지 않아요

눈꺼풀이 있어요
눈 감고 잡니다

나비

벌레는 눈꺼풀이 없습니다. 나비는 밤에 날개를 접어 잎 위에 가만히 앉아서 잡니다.

상어
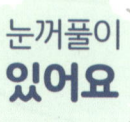
'순막'이라고 하는 하얗고 반투명한 눈꺼풀이 있어서 '싹' 하고 감기며 눈을 보호합니다.

꽁치
어류는 상어한테만 눈꺼풀이 있어요. 다른 물고기들은 눈을 뜨고 헤엄치면서 잔답니다.

도마뱀

파충류는 눈꺼풀 없는 경우가 더 많은데, 도마뱀이나 거북이에게는 눈꺼풀이 있습니다.

도마뱀붙이

눈꺼풀이 없어서 눈이 건조해지지 않도록 혀로 안구를 핥아줍니다.

참새

사람은 눈꺼풀이 위에서 아래로 감기지만, 조류나 파충류 대부분은 아래에서 위로 감겨요.

뱀
눈꺼풀은 없지만 투명한 비늘이 눈 표면에 있어서 눈이 건조하지 않아요.

개

포유류는 눈꺼풀이 위아래에서 감기는 경우, 위에서 감기는 경우 두 가지가 있습니다.

제6장
어둠에 숨어 있는 동물들

빛이 없는 동굴이나 심해, 땅속에도 어둠은 존재합니다.
그런 곳에서 동물들은 어떻게 살아가고 있을까요?

박쥐는 거꾸로 매달린 채 죽을 때도 있어요

포유류 중에서 유일하게 하늘을 나는 박쥐. 박쥐는 야행성이라서 낮에는 동굴 같은 어둑어둑한 곳에 있다가 밤이 되면 활동을 시작합니다.

박쥐는 잠을 매우 많이 자는 동물로, 하루 중 깨어 있는 시간이 겨우 4시간! 그 외에는 거꾸로 매달린 채 꾸벅꾸벅 졸아요. 박쥐는 먹어도 에너지가 계속 쓰이는 몸이라서 체력을 최대한 아껴야 합니다.

거꾸로 매달려 자도 떨어질 염려가 없는 발을 가지고 있기 때문에 간혹 매달린 채 죽는 경우도 있다고 합니다. 하지만 똥을 쌀 때만큼은 머리를 위로 하고 발톱을 가지에 걸고 나서 '뿌직!' 그 일만큼은 신중히 하는군요!

DATA

- 이름: 관박쥐
- 분류: 포유류
- 크기: 날개 펴서 30cm
- 생식지: 아시아, 유럽
- 활동시간: 밤

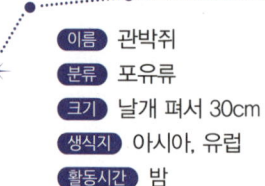

어두운 데서 살기 때문에 시력이 나빠요. 그 대신 발달한 게 바로 초음파! 박쥐는 대부분 초음파를 발사해서 주변 것들의 위치나 모양을 알 수 있어요. 다른 포유류에게는 없는 능력입니다.

매오징어는 빛이 나는 채로 죽어요

푸르스름하게 빛나는 매오징어. 다리와 배 쪽에 빛을 내는 기관이 있어서, 한 마리만 빛나도 향이 피워질 때보다 4배 이상 밝게 빛난다고 합니다.

보통 수심 200~700m의 심해에서 사는데요. 밤이 되면 수심 30~100m 가까이 떠올라, 플랑크톤을 잡아 먹거나 알을 낳거나 합니다. 위에 올라와서 알을 낳으면 알이 더 멀리멀리 퍼져나갈 수 있거든요.

빛나는 몇백만 마리가 떠오른 모습이 매우 아름답지만, 산란을 끝내면 바닷가에 떠올라 빛난 모습 그대로 죽음을 맞이하는 매오징어. 그 빛을 즐길 수 있는건 오직 사람뿐인지도 모릅니다.

DATA

- **이름** 매오징어
- **분류** 연체동물
- **크기** 몸 길이 5~6cm
- **생식지** 일본 혼슈 이북의 바다, 오호츠크해
- **활동시간** 밤

💡 수면에 떠올랐을 때 빛나면 아래에 있던 물고기들에게는 매오징어가 보이지 않는, 이른바 '카운터 쉐이딩'이라는 눈속임 효과가 있어 적으로부터 몸을 보호할 수 있습니다.

여왕 벌거숭이뻐드렁니쥐는 부하들을 감시하느라 잘 시간이 없어요

벌거숭이뻐드렁니쥐는 약 30~90마리가 무리를 지어 땅 속의 굴에서 살고 있어요. 제일 위에 여왕 쥐 한 마리가 살고 있고 남편 쥐가 1~3마리, 나머지는 부하 쥐들입니다.
역할 분담이 세세하게 나뉘어 있다는 점이 재미있어요. 굴을 지키는 담당, 굴을 만들거나 먹거리를 찾아오는 담당, 여왕이 낳은 새끼 쥐들을 안아주는 '이불 담당'도 있다고 합니다.
어느 실험에서 부하 쥐들보다 여왕 쥐가 자는 시간이 더 짧다는 결과가 나왔어요. 일 안 하고 땡땡이 치는 쥐에게 "일하거라!" 하며 매일 감시하기 때문이에요. 부하 쥐들보다 못 자는 여왕 쥐라니. 신분이 높다고 무조건 좋은 것만은 아니네요~!

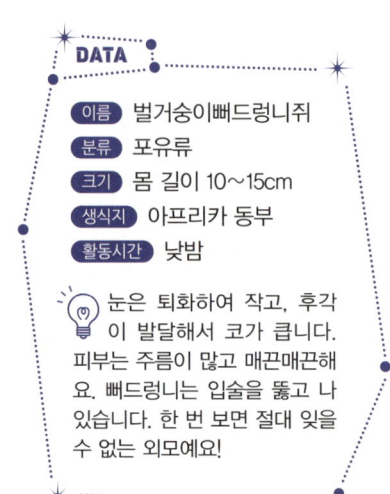

DATA
- 이름: 벌거숭이뻐드렁니쥐
- 분류: 포유류
- 크기: 몸 길이 10~15cm
- 생식지: 아프리카 동부
- 활동시간: 낮밤

눈은 퇴화하여 작고, 후각이 발달해서 코가 큽니다. 피부는 주름이 많고 매끈매끈해요. 뻐드렁니는 입술을 뚫고 나 있습니다. 한 번 보면 절대 잊을 수 없는 외모예요!

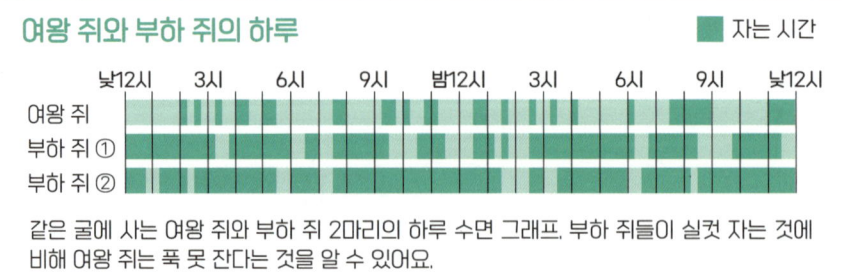

여왕 쥐와 부하 쥐의 하루

같은 굴에 사는 여왕 쥐와 부하 쥐 2마리의 하루 수면 그래프. 부하 쥐들이 실컷 자는 것에 비해 여왕 쥐는 푹 못 잔다는 것을 알 수 있어요.

J. Davis-Walton, P. W. Sherman의 자료를 토대로 작성

키무라거미는 위장술 장인

어서옵쇼~!

아뇨, 괜찮습니다!!

일본에서 발견된 거미인 키무라거미는 배에 마디가 남아 있는 원시거미의 일종입니다.

지하에 파둔 굴에서 사는 키무라거미. 사냥감이 굴 위를 지나갈 때 굴에서 튀어나와 냉큼 잡습니다. 심지어 직접 실로 굴 덮개를 만들어 흙이나 이끼로 덮는 위장까지 할 정도로 영리해요! 아무것도 모르는 먹잇감은 아무 의심 없이 굴을 지나가겠지요. 주된 활동은 밤에 이루어지고, 낮에는 땅 위에서 가만히 있습니다. 새끼를 낳을 시기가 되면 수컷은 암컷이 있는 굴에 직접 찾아가 허락을 기다려요. OK 사인을 받고 나면 안에 들어갈 수 있대요.

DATA

- 이름: 키무라거미
- 분류: 거미류
- 크기: 몸 길이 10~15mm
- 생식지: 일본
- 활동시간: 밤

키무라거미는 1920년 당시 고등학생이었던 키무라 아리카라는 사람이 가고시마현에서 발견한 데서 유래한 이름입니다. 이 발견은 세계적으로 화제가 되었고, 이후 키무라거미라고 이름 짓게 되었습니다.

두더지는 한밤중에 몰래 땅 위로 올라와요

한밤의 맛집 탐방♪

평생 땅 속에서 나오지 않을 거라고 오해받기 쉬운 두더지. 사실은 이따금 밖으로 나온답니다. 밝은 곳을 싫어해서 우선 굴에서 얼굴을 빼꼼 내밀어 주위를 확인해요. 눈이 퇴화해서 물체를 또렷이 보는 건 힘들지만 밝기 정도는 알 수 있거든요. 밝다고 느끼면 '앗 너무 빨리 나왔네' 하고 굴에 돌아가고, 어둡다고 느끼면 밖으로 나와서 지렁이나 곤충을 찾아 여기저기 돌아다닙니다.

하지만 이때 올빼미에게 잡혀 목숨을 잃는 경우도 있어요. 두더지는 햇빛을 받으면 죽는다고 하는데 그건 거짓이에요. 땅 위로 나왔다가 죽는 진짜 이유는 햇빛이 아닌 올빼미 때문인 경우가 훨씬 많다고 합니다. 야생의 세계는 역시 냉정합니다!

DATA
- 이름: 두더지
- 분류: 포유류
- 크기: 몸 길이 13~20cm
- 생식지: 유럽, 아시아, 북아메리카
- 활동시간: 밤

💡 두더지는 아직도 수수께끼가 많은 동물로, 출산과 육아를 어떻게 하고 있는지 명확히 밝혀지지 않았어요. 판다의 인공 번식이 어렵기로 유명한데, 두더지 번식이 훨씬 더 어렵다고 말하는 전문가도 있습니다.

> 반짝반짝하게 만들어야지 ☆

> 살려줘어어

글로웜은 반짝임으로 유인하는 데 선수예요

곤충 대부분은 빛에 반응하는 성질이 있습니다. 이 성질을 이용해서 효율적으로 먹잇감을 모으는 게 바로 글로웜입니다.

어두운 동굴에 사는 글로웜은 유충일 때 몸에서 뿜어내는 끈적끈적한 액체를 천장에서부터 흘러내리는데요. 이 점액이 마치 일루미네이션처럼 반짝반짝 빛납니다! 빛나는 곳에 모여든 벌레를 점액으로 포박해서 못 움직이게 만든 후, 여유 있게 잡아먹는 답니다.

벌레들에게는 공포스러운 곳이지만, 반짝반짝거리는 빛이 매우 아름다워서 그걸 보려는 관광객도 많이 찾아온다고 해요. 글로웜이 사람들마저도 홀리고야 말았네요!

DATA

- **이름** 글로웜
- **분류** 곤충류
- **크기** 몸 길이 2mm~3cm
- **생식지** 오스트레일리아, 뉴질랜드
- **활동시간** 밤

💡 유충 기간이 무려 9개월로 매우 깁니다. 그런데 성충이 되고 나면 겨우 3일밖에 살지 못해요. 성충은 입이 없어서 아무것도 먹지 못하고 자손을 남기는 것만이 중요한 역할이에요.

지렁이는 도로 위에서 죽기도...

땅속이 제일 좋아~!

구불구불한 몸을 지닌 지렁이. 징그럽다고 말하는 사람들도 있지만, 많은 동물의 먹이가 되어 자연에서는 매우 중요하고 이로운 존재입니다. 영양이 듬뿍 담긴 지렁이 똥도 땅을 더욱 좋게 만들어요.

땅속에 사는 지렁이에게 눈은 없지만, 피부로 밝기를 느낄 수 있습니다. 빛에 모이는 벌레들과 반대로 지렁이는 빛을 위험하다고 감지해서 밝은 곳을 피하려고 합니다.

하지만 무심코 아스팔트 위로 올라오는 바람에 바짝 말라 죽기도 해요. 인간의 이기심으로 인한 슬픈 현상입니다.

DATA
- **이름**: 자이언트지렁이
- **분류**: 환형동물
- **크기**: 몸 길이 10cm
- **생식지**: 동결지대, 건조지대를 뺀 세계 전역
- **활동시간**: 밤

💡 비가 오는 날 지렁이가 땅 위로 나오는 건 빗물이 땅속에 차면 산소가 부족해져 숨 쉬기 힘들어서입니다. 또 땅속 온도가 너무 뜨거워지면 나올 때도 있어요.

동굴에 사는 동물들

조금은 소름끼치게 생긴

빛이 비치지 않는 굴에 사는 동물은 어둠에 적응하면서 진화해왔습니다. 조금 소름끼치게 생긴 모습도 '살아남기 위해서'라는 매우 중요한 이유 때문입니다.

꼽등이
몸보다 긴 다리로 크게 점프

좁고 어둡고 습도 높은 곳을 좋아해요. 다른 곳에서도 살 수는 있지만, 축축한 굴을 매우 좋아합니다. 낮 동안 좁은 곳에 몸을 숨기고 있다가, 밤이 되면 먹이를 찾아 돌아다닙니다. 긴 뒷다리와 촉각이 특징으로, 높이 뛰어오를 수 있습니다.

- 분류 곤충류
- 크기 몸 길이 12~23mm
- 생식지 동남아시아, 동아시아
- 활동시간 밤

💡 습기 많은 화장실 같은 데서 발견되는 경우가 있어서 '화장실 귀뚜라미'라는 별명도 있어요. 점프력이 매우 뛰어나서 키우는 우리의 천장에 부딪쳐 죽는 경우도 있다고 합니다.

장님동굴카라신
어두운 곳에서 살다가 눈이 없어졌어요

세계적으로 유명한 '눈이 없는 물고기'. 민물고기 멕시칸장님동굴고기가 동굴 안에서 사는 동안 어둠에 적응해 눈이 없어졌다고 합니다. 시력을 잃은 대신 후각에 매우 예민해서 먹이를 찾는 데는 불편함이 없다고 해요.

- 분류 어류
- 크기 몸 길이 8cm
- 생식지 중앙아메리카
- 활동시간 낮, 밤

💡 약 1만 년~100만 년 전부터 있었던 동물입니다. 사실은 동굴 밖 물속에서도 다른 물고기들처럼 살아갈 수 있어요.

헬크릭동굴가재
멜라닌 색소가 없어져 새하얘졌어요!

색이 없는 가재입니다. 태양광선에 포함된 자외선으로부터 피부를 보호하는 검은 색소를 '멜라닌 색소'라고 하는데, 동굴에 사는 헬크릭동굴가재에게는 자외선을 막을 필요가 없어서 멜라닌 색소가 없어지고 새하얘졌어요. 눈이 퇴화한 대신에 촉각으로 주변을 살필 수 있습니다.

- **분류** 갑각류
- **크기** 몸 길이 5~10cm
- **생식지** 아메리카
- **활동시간** 낮, 밤

💡 성장 속도가 매우 느려서 다 클 때까지 100년이나 걸려요. 가장 오래 산 기록이 175년이라고 합니다. 먹을 게 많지 않은 동굴에서 살다 보니, 에너지를 아주 천천히 써서 그런 게 아닌가 싶네요.

동굴도롱뇽
용의 모습을 한, 눈이 없는 도롱뇽

피부가 옅은 분홍색으로 미끈미끈하고 꼬리가 긴 동굴도롱뇽. 어두운 데서 살기 때문에 퇴화한 눈이 피부에 파묻혀 있습니다. 촉각이 발달해서 피부로 물속의 음파를 감지할 수 있어요. 수명이 매우 길어서 현재까지도 연구 대상입니다.

- **분류** 양서류
- **크기** 몸 길이 20~30cm
- **생식지** 유럽
- **활동시간** 낮, 밤

💡 사람의 피부 색과 닮아서 유럽 어느 나라에서는 '인간 물고기'라고 부르기도 해요. '용의 자식'이라는 이야기도 전해 내려오는 신비한 동물입니다.

일개미 중 20%는 땡땡이를 친대요

> 근무 환경 개선해라!

우리 주변에서 자주 볼 수 있는 개미도 평생 거의 땅속에 있는 어둠속 동물로, 두더지와 벌거숭이뻐드렁니쥐처럼 시력은 좋지 않습니다. 땅 위로 먹이를 찾아 나온 개미가 헤매지 않고 집에 되돌아갈 수 있는 건 페로몬 덕분이에요. 여왕개미, 수개미, 일개미로 나뉘는데 어떤 종의 일개미는 24시간 일하기도 한대요. 땅속은 어두워서 낮밤 구별이 안 되니까요. 이름 그대로 일만 하는 거죠!

하지만 일개미 중에서도 10마리 중 2마리 정도는 항상 땡땡이를 친다고 합니다. 게으름을 피우는 개미라니 신기하네요.

DATA

- **이름** 장다리개미
- **분류** 곤충류
- **크기** 몸 길이 4.5~8mm
- **생식지** 일부 지역 빼고 전 세계
- **활동시간** 아시아

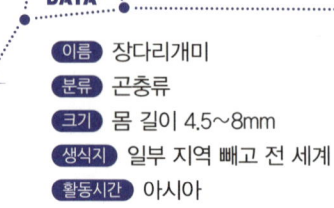

개미는 화석이 발견되지 않아 진화에 대한 수수께끼가 아직 많아요. 현재는 1억 2500만 년 전쯤 땅벌의 선조로부터 나뉘어 생긴 것이 아닌가 보고 있습니다. 잘 보면 벌과 비슷하게 생겼답니다!

제7장

잠에 대한
또 다른 이야기

밤에 자는 것 말고도 겨울잠이나 여름잠,
몇 개월이나 자는 동물, 자는 척하는 동물도.
이런저런 잠에 관한 이야기.

곰은 겨울잠 자는 동안에 출산해서 아기 곰을 키워요

함께 있으면 따뜻해

곰은 보통 낮밤 상관없이 배가 고파지면 먹을 것을 찾아 돌아다니고, 자고 싶을 때는 자는 생활을 합니다. 하지만 먹을 것이 부족해지는 추운 겨울부터 따뜻해지는 봄 사이에는 동굴에 들어가 겨울잠을 자요.
겨울잠 동안에 계속 잠만 자는 건 아닙니다. 암컷은 그때 아기 곰을 낳아요. 아기 곰은 엄마 곰의 젖을 빨면서 자라고, 아기 곰이 똥과 오줌을 싸면 엄마 곰이 핥아서 깨끗이 해줍니다. 그래서 엄마 곰은 아기 곰을 도와주느라 잠을 푹 잘

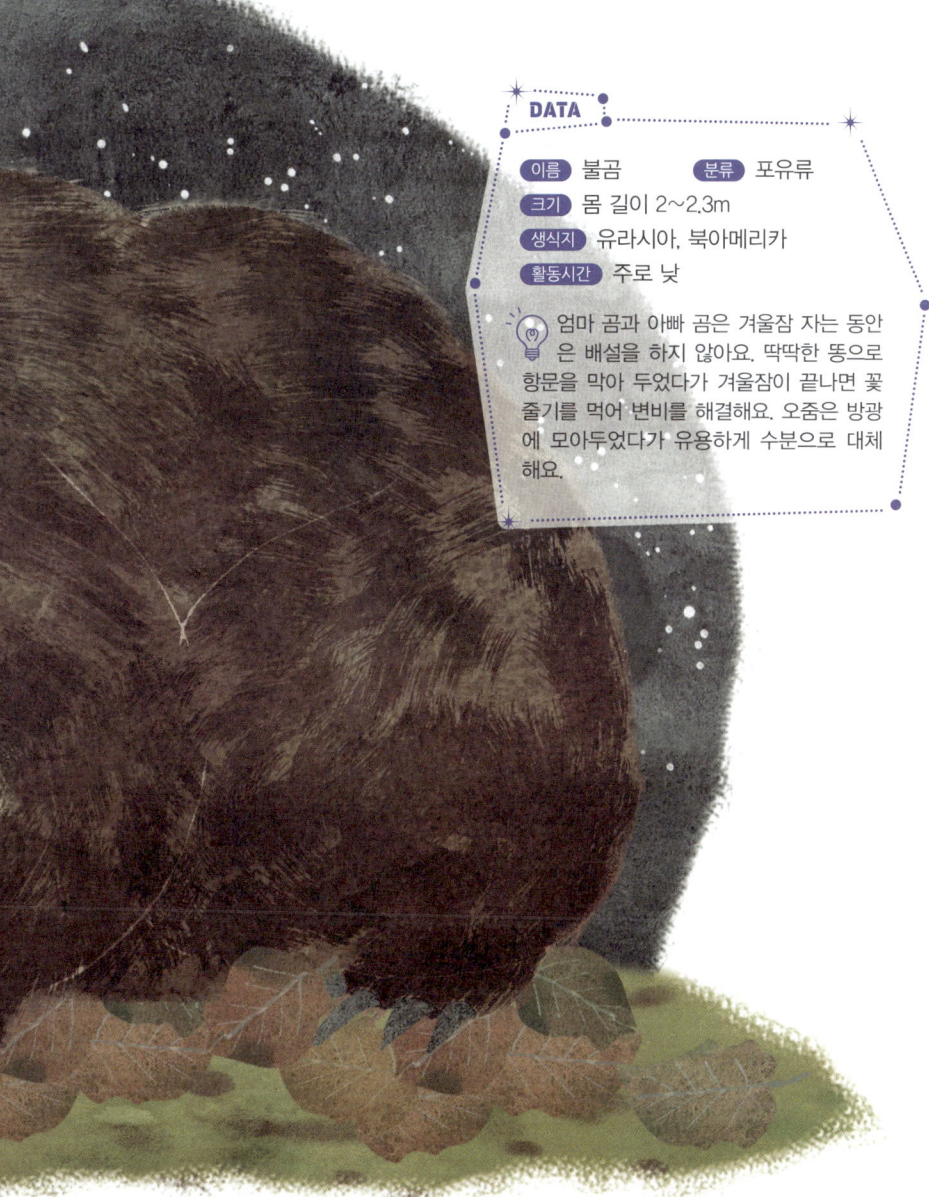

DATA

- 이름: 불곰
- 분류: 포유류
- 크기: 몸 길이 2~2.3m
- 생식지: 유라시아, 북아메리카
- 활동시간: 주로 낮

💡 엄마 곰과 아빠 곰은 겨울잠 자는 동안은 배설을 하지 않아요. 딱딱한 똥으로 항문을 막아 두었다가 겨울잠이 끝나면 꽃줄기를 먹어 변비를 해결해요. 오줌은 방광에 모아두었다가 유용하게 수분으로 대체해요.

수가 없어요. 곰은 1년 반이 지나야 홀로서기가 가능하기 때문에, 그다음 겨울까지도 엄마 곰과 아기 곰이 함께 지냅니다. 평소 체온이 37도인 곰은 겨울잠 잘 때는 3도 내려가요. 하지만 엄마와 아기가 함께 있으면 서로 따뜻하게 보낼 수 있어요. 참고로 수컷 곰은 겨울잠을 자는 시기에 동굴에서 혼자 겨울을 보낸답니다.

수컷 얼룩땅다람쥐는 암컷이 겨울잠에서 깨기만을 기다려요

어머나!

DATA

- 이름: 얼룩땅다람쥐
- 분류: 포유류
- 크기: 몸 길이 15cm
- 생식지: 온대 초원
- 활동시간: 낮

💡 먹이는 볼 주머니에 넣어서 옮겨요. 양쪽에 도토리를 2~3개씩 넣을 수 있을 만큼 볼 주머니가 크게 부풀어요. 볼 주머니에 먹이를 가득 넣으면 얼굴이 옆으로 부풀어서 매우 귀여운 얼굴이 된답니다.

"드디어 만났다!"

잠을 자주 자는 얼룩땅다람쥐는 보통 굴에서 하루 15시간 이상을 잡니다. 매년 10월 즈음부터 따뜻해지는 다음 해 4월 즈음까지 겨울잠을 자는 기간이 1년의 반이나 됩니다. 계속 잠만 자는 건 아니에요. 가끔 일어나서 모아두었던 음식을 먹고 다시 잡니다.

겨울이 가까워지기 전에 겨울잠을 잘 굴을 부지런히 파서 미리 준비해요. 한 마리당 한 개의 굴을 만드는데, 식량이 되어줄 나무 열매와 곤충을 모아두는 장소와 침실, 총 2개의 방을 만듭니다.

봄이 가까워지면 한 달 전 수컷이 겨울잠에서 먼저 깨어납니다. 그리고 새끼 다람쥐를 만들기 위해 암컷이 있는 굴 앞에서 암컷이 일어나기만을 기다립니다. 잠에서 깨어나 바깥 세상에 나오자마자 수컷이 기다리고 있다니, 깜짝 놀라겠어요.

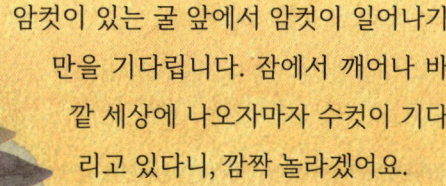

일본겨울잠쥐는 살찌는 게 겨울잠 잘 때 유리해요

> 봄에 무사히 깨어나게 해주세요

일본겨울잠쥐도 이름대로 겨울잠을 자는 동물이에요. 겨울잠 잘 때는 체온이 0도 가까이 떨어져서 에너지를 최대한 아껴야 해요. 호흡은 30분에 1회 정도만 해서 마치 죽은 듯이 푹 잡니다. 겨울잠 전에 많이 먹어서 몸에 지방을 저장해두었다가, 자는 동안 그 지방을 에너지로 사용합니다. 살찐 일본겨울잠쥐가 겨울잠 자는 시간이 더 길다는 연구도 있어요. 하지만 체온 조절을 하지 못하고 죽는 경우도 있습니다.

보통은 나무 구멍에 만든 둥지에서 겨울잠을 자는데, 좋은 장소를 찾지 못하면 눈 속에서 자는 신세가 되기도 합니다. 봄에 잘 깨어날 수 있을지 매 겨울이 긴장되겠어요.

DATA

- 이름: 일본겨울잠쥐
- 분류: 포유류
- 크기: 몸 길이 6~8cm
- 생식지: 일본
- 활동시간: 밤

💡 일본겨울잠쥐의 등에는 검은 줄기 같은 줄무늬가 딱 하나 있습니다. 언뜻 보면 마치 나뭇가지의 그림자처럼 보여요. 이 무늬로 위장해서 천적인 구렁이나 까마귀로부터 몸을 보호하는 역할을 합니다.

좀만 더 따뜻하면 좋겠다…

숲관코박쥐는 눈 속에서 겨울잠을 잔다고?

보통 나무 구멍을 침대 삼아 자는 숲관코박쥐. 가을부터 겨울잠 준비를 위해 잘 곳을 옮깁니다.

옮긴 곳은 세상에나, 눈 속이에요! 눈에 작은 구멍을 파서 그 안에 몸을 동글게 하고 겨울잠을 잔답니다. '추워서 죽는 거 아니야?'라고 생각할 수 있지만, 바람이 들어오는 나무 구멍보다 움집처럼 만들어진 눈 속에 있는 것이 체온이 떨어지지 않아 되려 따뜻한가 봐요.

겨울잠을 자는 중에는 가끔 눈을 떠서 물을 마십니다. 쌓인 눈 벽을 낼름 핥기만 하면 됩니다. 생각지 못한 편리한 점이 하나 더 있었네요.

DATA

- **이름** 숲관코박쥐
- **분류** 포유류
- **크기** 몸 길이 4.5cm
- **생식지** 일본
- **활동시간** 밤

💡 겨울잠 자는 시기 외에는 다양한 곳을 잠자리로 하고 있어요. 나무 구멍 말고도 낙엽이나 나뭇잎 아래, 나무 뿌리의 틈 등 여기저기 다양합니다. 그리고 매일 잠자리를 바꿉니다.

난쟁이악어는 사막에서 여름잠을 자요

비, 비 좀 내려줘어

겨울잠 말고도 여름 더위나 건조함을 피하기 위해 '여름잠'을 자는 동물도 있습니다. 그중 하나가 난쟁이악어예요.

대부분의 악어는 물가에 살지만, 일부 난쟁이악어는 사막에 서식합니다. 사막에서는 몇 달 넘게 비가 내리지 않는 경우도 있어요. 더워도 물을 흠뻑 맞을 수 없기 때문에 심한 더위와 건조함으로부터 몸을 보호하기 위해 굴에 들어가 가만히 잠을 잡니다. 여름잠을 자는 동안은 사냥을 하지 않고, 아무것도 먹지 않습니다. 최소한으로 움직여서 체력 소모를 막는 것이지요.

이렇게 해서 심한 더위를 겨우 견뎌내며 오로지 비가 내리기만을 기다립니다.

DATA

- **이름** 난쟁이악어
- **분류** 파충류
- **크기** 몸 길이 150cm
- **생식지** 아프리카 서부
- **활동시간** 밤

💡 악어 중에서도 몸집이 작고, 머리부터 코끝까지의 길이가 매우 짧아요. 입끝이 뾰족해서 입을 닫아도 이빨이 숨겨지지 않아요. 그래서 왠지 웃고 있는 것처럼 보이지만, 딱히 기분이 좋은 건 아니랍니다.

폐어는 여름잠을 자는 동안 고치로 몸을 감싸요

포근히 감싸여 있을래

폐어는 이름 그대로 폐로 숨을 쉬는 물고기입니다. 수면에 입을 내밀고 숨을 쉬는 매우 희귀한 종이에요.

폐어가 서식하는 지역에서는 여름 건기에 더위가 심해서 연못 물이 말라버려요. 물이 없어지면 물고기도 몸이 말라붙어 죽고 말겠죠. 그래서 몸을 지키기 위해 폐어는 매년 건기가 되면 여름잠을 잡니다. 여름잠을 잘 때 몸 주변을 점막으로 감싸서 고치를 만들고, 몸이 건조해지지 않게 한 후, 땅 속에 머물러요. 점막에는 호흡하기 위해 작은 구멍도 뚫려 있답니다.

DATA

- **이름** 아프리카폐어
- **분류** 어류
- **크기** 몸 길이 80cm~1m
- **생식지** 아프리카
- **활동시간** 밤

💡 폐어의 지느러미는 다른 물고기에 비해 두꺼워서 마치 손과 발처럼 보여요. 그래서 '바다밑을 걷는 물고기'나 '손을 가진 물고기'라고 불리기도 해요. 4억 년 전에 출현한 동물로, 인간보다 훨씬 더 오래된 선배예요!

펭귄의 윙크는 한쪽 뇌만 자고 있다는 표시예요

동물원이나 수족관에서 펭귄이 한쪽 눈만 감고 있는 모습을 볼 때가 있습니다. 그걸 본 누군가는 '나한테 윙크했어!'라며 좋아했겠지만, 아쉽게도 그건 윙크가 아니었어요.

한쪽 눈을 감고 있는 건 뇌의 반쪽이 자고 있다는 뜻입니다. 철새나 돌고래가 자는 방식인 '반구수면'과 같아요(132~133쪽). 자고 있는 뇌의 반대쪽 눈을 감고 있어요. 만약 오른쪽 눈을 감고 있다면 왼쪽 뇌가 자고 있는 겁니다.

자는 모습도 여러가지예요. 황제펭귄은 선 채로 자는 경우가 많습니다. 선 자세로 잘 때 사람은 고개를 숙이게 되지만, 펭귄은 그런 일이 좀처럼 없습니다. 작은 체구의 훔볼트펭귄은 땅 위에 배를 깔고 누운 자세로 자기도 합니다.

7 잠에 대한 또 다른 이야기

윙크가 아니라서 미안해

DATA
- 이름 황제펭귄
- 분류 조류
- 크기 몸 길이 100~130cm
- 생식지 남극
- 활동시간 낮

💡 펭귄은 수컷과 암컷이 서로 소리 내어 우는 경우가 많습니다. 하지만 그건 '사랑해♥'와 같은 애정 표현을 주고 받는 것이 아니라 '다른 펭귄이랑 착각하고 있는 거 아니지?'라며 서로를 확인하는 것이라고 하네요.

너구리의 '자는 척'은 사실 기절한 거예요

예민하고 섬세한 나예요

너구리는 깜짝 놀라면 기절하는 경우가 있는데, 그 모습이 마치 자고 있는 것처럼 보여요. 사냥꾼의 총소리에 놀라 기절해서 움직이지 않다가, 시간이 지나면 일어나 도망가는 모습을 보고 일부러 자는 척을 한 게 아니냐는 오해를 받게 되었답니다. 하지만 누군가를 속이려던 게 아니라, 너구리가 매우 예민하고 겁이 많아서 그런 거예요.
요즘에는 너구리가 자동차 경적 소리에 놀라서 기절하는 바람에 그대로 차에 치이는 사고도 일어난다고 합니다.

DATA
- 이름 | 너구리
- 분류 | 포유류
- 크기 | 몸 길이 50~80cm
- 생식지 | 동아시아, 동유럽
- 활동시간 | 낮, 밤

💡 너구리는 수컷과 암컷이 평생 사이좋은 부부로 살아가기로 유명해요. 수컷은 새끼를 돌보는 암컷에게 먹을 것을 가져다주거나 암컷이 먹거리를 찾으러 나간 사이에 새끼 너구리를 봐준다거나 하며 육아를 적극적으로 함께합니다.

주머니쥐는 자는 척은 못해도 죽은 척은 잘해요

나 죽어 있는 거라구

주머니쥐의 특기는 바로 '죽은 척'. 적이 가까이 다가오면 위험을 느끼고 꾀꼬닥 죽는 연기를 합니다.

그 연기력이 정말 대단해요! 눈은 흰자위만 보이고 혀를 내민 뒤 침을 흘리는데, 죽은 동물에게서 나는 냄새와 비슷하다고 합니다. 정말 죽은 것처럼 보이기 때문에 적이 놀라거나 방심한 사이에 도망을 가요.

죽은 척을 하고 6시간이 지난 적도 있어서 정말 죽은 건 아닌가 하고 뇌파를 측정해보니 태연하게 뇌파가 움직이고 있었대요. 죽는 연기라면 상도 받을 정도로 명배우입니다.

DATA

- 이름: 버지니아주머니쥐
- 분류: 포유류
- 크기: 몸 길이 35~55cm
- 생식지: 캐나다 남부에서부터 중앙아메리카까지
- 활동시간: 밤

💡 배에 주머니가 있어서 갓 태어난 새끼 주머니쥐는 그 안에서 자라납니다. 좀 더 크면 주머니에서 나와, 엄마 등에 몇 마리가 떼지어 타고 있기도 한대요. 너무 많으면 큰일이겠어요.

7 잠에 대한 또 다른 이야기

기니피그는 별 생각 없이 사는 것처럼 보이지만 그렇지 않아요!

엄청 경계 중입니다

야행성 햄스터와 달리, 기니피그는 낮에 활동해요. 밤에는 눈을 감고 꾸벅꾸벅 잠을 잡니다.

낮에 가끔 눈을 뜬 채로 가만히 있을 때가 있는데, 그 모습이 '눈을 뜬 채로 잔다'고 오해받기도 해요. 하지만 자고 있는 게 아니라, 긴장하고 주변을 살피는 중이랍니다.

야생에서는 바위가 많은 곳에 살고 있어서 상공에 독수리나 매와 같은 적이 나타나진 않는지 항상 경계합니다. 눈을 뜨고 가만히 명상하는 듯이 보였지만, 실은 저 멀리까지의 소리에 귀를 기울이며 매우 긴장한 것입니다.

DATA

- 이름: 기니피그
- 분류: 포유류
- 크기: 몸 길이 20~40cm
- 생식지: 남아메리카
- 활동시간: 낮

둥글둥글하고 순둥순둥한 이미지가 강하지만, 1살까지는 기분이 좋아지면 몸을 뒤틀어 특이한 점프를 하며 난리법석입니다. 팝콘이 튀는 것처럼 보여서 '팝콘 점프'라고도 불립니다.

투아타라는 바다새의 집을 빌려서 자요

천천히 다녀오세요~

7 잠에 대한 또 다른 이야기

한 집에서 여러 명이 함께 사는 경우가 있지요. 그것과 비슷하게 한 집을 각기 다른 동물이 쓰는 경우가 있습니다.

바다제비과의 바다새는 산란이나 육아하는 시기에 바닷가에 파인 굴에서 살아갑니다. 거기에 얹혀 사는 것이 바로 투아타라! 바다새가 낮에 먹을 것을 찾아 외출을 하면, 그 틈을 노려 투아타라가 잠을 잡니다. 바다새가 돌아올 때쯤 야행성인 투아타라가 교대해서 밖에 나가고요. 보통은 사이 좋게 잘 지내지만 가끔 알이나 갓 태어난 아기 바다새를 먹는 뻔뻔한 투아타라도 있다고 해요.

DATA

- **이름** 투아타라
- **분류** 포유류
- **크기** 몸 길이 50~80cm
- **생식지** 뉴질랜드 북부
- **활동시간** 밤

💡 투아타라에게는 사실 '제3의 눈'이 있어요. 생후 반 년 정도가 지나면 비늘에 가려져 안 보이게 되지만, 빛 정도는 구분할 수 있다고 합니다. 공룡이 살던 때부터 지금까지 모습이 바뀌지 않아서 '살아 있는 화석'이라고도 불려요.

인간을 피해 밤에 이동하는 동물

살 곳을 빼앗긴 동물들은 인간의 눈을 피해 밤에 활동하는 일이 많아졌어요.
일찍이 공룡을 피해 도망다닌 것처럼요.
이러한 변화가 생태계에 어떤 영향을 끼치게 될지,
우리의 지속적인 관심이 필요합니다.

夜のいきもの図鑑

© SHUFUNOTOMO CO., LTD. 2020
Originally published in Japan by Shufunotomo Co., Ltd
Translation rights arranged with Shufunotomo Co., Ltd.
Through BC Agency

이 책의 한국어판 저작권은 BC에이전시를 통해 저작권자와 독점계약을 맺은 동양북스에 있습니다.
저작권법에 의해 한국 내에서 보호를 받는 저작물이므로 무단전재와 복제를 금합니다.

초판 인쇄 | 2023년 11월 1일
초판 발행 | 2023년 11월 10일

감　수 | 이마이즈미 다다아키, 이정모
옮긴이 | 김보라
발행인 | 김태웅
기획 편집 | 갈혜진
일러스트 | 로롱, 야마다 유우코, 히가시야마 마사요, 미즈노 푸링, 하야미 에리
디자인 | 남은혜, 김지혜
마케팅 총괄 | 김철영
온라인 마케팅 | 김은진
제　작 | 현대순

발행처 | (주)동양북스
등　록 | 제2014-000055호 (2014년 2월 7일)
주　소 | 서울시 마포구 동교로22길 14 (04030)
구입 문의 | 전화 (02)337-1737　팩스 (02)334-6624
내용 문의 | 전화 (02)337-1762　dybooks2@gmail.com

ISBN 979-11-5768-958-3　73490

▶ 본 책은 저작권법에 의해 보호를 받는 저작물이므로 무단 전재와 복제를 금합니다.
▶ 잘못된 책은 구입처에서 교환해드립니다.
▶ 도서출판 동양북스에서는 소중한 원고, 새로운 기획을 기다리고 있습니다.
　http://www.dongyangbooks.com